oekom

Dieses Buch wird herausgegeben
von der Heinrich-Böll-Stiftung (www.boell.de).

ClimatePartner°
klimaneutral
Verlag | ID: 128-50040-1010-1082

CO_2-Emissionen vermeiden, reduzieren, kompensieren –
nach diesem Grundsatz handelt der oekom verlag.
Unvermeidbare Emissionen kompensiert der Verlag
durch Investitionen in ein Gold-Standard-Projekt.
Mehr Informationen finden Sie unter: www.oekom.de.

Bibliografische Information der Deutschen Nationalbibliothek:
Die Deutsche Nationalbibliothek verzeichnet diese Publikation
in der Deutschen Nationalbibliografie; detaillierte bibliografische
Daten sind im Internet über http://dnb.d-nb.de abrufbar.

Gesellschaft für ökologische Kommunikation mbH
Waltherstraße 29, 80337 München

Korrektorat: Maike Specht
Umschlaggestaltung: www.buero-jorge-schmidt.de
Layout und Satz: Reihs Satzstudio, Lohmar
Druck: AZ Druck und Datentechnik GmbH

Dieses Buch wurde auf FSC®-zertifiziertem Recyclingpapier
(Circleoffset Premium White) und auf Papier aus anderen
kontrollierten Quellen gedruckt.

Printed in Germany
978-3-86581-748-8

FSC
www.fsc.org
RECYCLED
Papier aus
Recyclingmaterial
FSC® C008457

Thomas Fatheuer, Lili Fuhr
und Barbara Unmüßig

KRITIK DER GRÜNEN ÖKONOMIE

Inhalt

Vorwort 7

Einleitung 11

TEIL EINS

Warum ein »Weiter so« keine Option ist

1 Die Vorherrschaft der Klimakiller 21

2 Der große Verlust biologischer Vielfalt 34

3 Business as usual in der agroindustriellen Landwirtschaft . . 38

4 Die Welt, wie wir sie kennen:
Ungleichheit, Armut, Hunger 46

5 Die Grüne Ökonomie als Ausweg aus der globalen Krise? . . . 53

TEIL ZWEI

Volles Risiko: Fragwürdige Instrumente
und Innovationen

6 Natur oder Naturkapital? 65

7 Fortschritt im Dienste der Grünen Ökonomie:
Wird Innovation alles richten? 95

8 Technologische Innovationen –
Versuch einer Synthese 130

TEIL DREI
Blinde Flecken der Grünen Ökonomie

9 A star is born – oder:
Umweltpolitik in neoliberalen Zeiten 137

10 Die Zivilgesellschaft zwischen Entpolitisierung
und eingeschränkten Handlungsspielräumen 163

Zum Schluss: Plädoyer für eine neue Politische Ökologie . . . 169

Anmerkungen 177
Literatur 188
Über die Autor/innen 191

Vorwort

Rio de Janeiro 2012. Mehrere Zehntausend Menschen gehen gegen die »Grüne Ökonomie« auf die Straße. Es waren nicht Öl-, Kohle- oder Agrokonzerne, die zu der Demonstration aufgerufen hatten, sondern soziale Bewegungen und NGOs, vorwiegend aus dem südlichen Teil der Erdkugel und oftmals Partnerorganisationen der Heinrich-Böll-Stiftung. Anlass war die UN-Konferenz Rio+20, auf der 20 Jahre nach dem Erdgipfel 1992 die »Grüne Ökonomie« als ein neues globales Leitbild etabliert werden sollte. Diese Proteste gegen das Leitbild einer Grünen Ökonomie haben ein geteiltes Echo hervorgerufen. Müssen wir nicht alle Energie auf die Überwindung der »braunen«, fossilen Wirtschaft richten? Fordert die Umweltbewegung nicht genau das seit Jahrzehnten: eine Grüne Ökonomie? In der Tat. Die entscheidende Frage ist aber, was unter diesem Begriff verstanden und wie das Konzept einer Grünen Ökonomie konkret ausbuchstabiert wird. Nicht alles, was unter grüner Flagge segelt, verdient auch diesen Namen.

Die Kritik an verkürzten und irreführenden Konzepten einer Grünen Ökonomie richtet sich nicht gegen die Hoffnung auf eine nachhaltige Zukunft und ein »Ergrünen« der Wirtschaft, sondern setzt sich mit jenen Konzepten auseinander, die von wichtigen Akteuren wie der Weltbank, der OECD oder wirtschaftsnahen Think Tanks definiert werden. Sie prägen das Bild, das heute mehrheitlich unter Grüner Ökonomie verstanden wird.

Ob man es will oder nicht – die Grüne Ökonomie ist zu einem Streitthema geworden. Aber bei allem Streit greift die Debatte die entscheidende Frage der Gegenwart auf: Wie können wir angesichts der drängenden Krisen eine grundlegende soziale und ökologische Transformation von Wirtschaft und Gesellschaft erreichen?

Dies ist – Hand in Hand mit Demokratie und Menschenrechten – das große Thema der Heinrich-Böll-Stiftung. Wir begleiten diesen Umbruch in vielfältiger Weise – mit konkreten Szenarien für eine gelingende Energiewende, für eine andere Landwirtschaftspolitik, für alternative Mobilitätskonzepte und eine zukunftsfähige Stadtentwicklung. Dabei scheuen wir auch nicht den Dialog mit der Industrie. Einen Großteil unserer Ressourcen widmen wir der Auseinandersetzung mit der fossilen Ökonomie und dem agroindustriellen Komplex. Gleichzeitig unterstützen wir weltweit viele Akteurinnen und Akteure, die für eine andere Produktions- und Lebensweise streiten und neue Ideen des Zusammenlebens ausprobieren. Um die notwendige »Große Transformation« voranzutreiben, braucht es beides: visionäre Alternativen und schrittweise Veränderungen.

Zu unserem Selbstverständnis als Impulsgeberin und Denkwerkstatt gehört es, sich mit unterschiedlichen Strategien und Diskursen auseinanderzusetzen, die sich als Beiträge zur sozialen und ökologischen Transformation verstehen. Die Abkehr vom »Weiter so« ist seit Langem politikfähig. Aber das »Wie?« der Transformation ist umstritten. Wie wird diese Transformation definiert? Was sind ihre Instrumente und Mechanismen? Was verspricht sie? Dass dies kontrovers diskutiert wird, kann niemanden überraschen.

Auch innerhalb der Heinrich-Böll-Stiftung werden unterschiedliche Konzepte einer nachhaltigen, umweltfreundlichen und partizipativen Ökonomie diskutiert. Das Spektrum reicht von Entwürfen einer grünen industriellen Revolution bis zur Kritik an Mainstream-Konzepten einer Grünen Ökonomie. Ihr Versprechen lautet: Wir schaffen das Umsteuern allein mit technologischer Innovation, mit mehr Markt, und alles wird gut. Ob die Ausweitung von Marktmechanismen tatsächlich geeignet ist, den Klimawandel und den ökologischen Raubbau zu stoppen, gehört zu den Fragen, die in diesem Band erörtert werden.

So richtig es ist, dass »Preise die ökologische Wahrheit sagen sollen«, so kritisch sehen wir eine generelle Finanzialisierung der Natur (und des Sozialen). Auch das Verhältnis von Innovation und Begrenzung, von Effizienz und Suffizienz bedarf einer kritischen Debatte.

Nicht zuletzt geht es um die unabdingbare Rolle der Politik im Prozess der ökologischen Transformation.

Dieses Buch widmet sich vorrangig der Auseinandersetzung mit Mainstream-Konzepten einer Grünen Ökonomie. Die Verfasserinnen und der Verfasser werfen einen Blick auf Fragen, die in diesen Konzepten unterbelichtet sind – etwa der nach Menschenrechten, Partizipation und Demokratie; daneben diskutieren sie die Rolle der Politik in einer Welt, in der alle Herausforderungen immer mehr als ökonomische Imperative definiert werden.

Insofern ist diese Publikation selbst Teil der Kontroverse. Die Autorinnen und der Autor nehmen im eigenen Namen Stellung. Innerhalb der Stiftung führen wir die Diskussion um Wege aus der ökologischen und sozialen Krise mit großer Leidenschaft. Dabei artikulieren sich unterschiedliche Sichtweisen und Vorstellungen darüber, welche Instrumente, wie viel Markt und Staat, wie viel Wachstum, welche Innovationen und Allianzen uns weiterbringen. Dieses Buch will produktive Reibung erzeugen. Bewusst legt es keinen großen Gegenentwurf zur herkömmlichen Definition der Grünen Ökonomie vor. Wir möchten zum Nach- und Weiterdenken anregen und stellen uns der Auseinandersetzung um eine gerechte und zukunftsfähige Zukunft in unserem weltweiten Partnernetzwerk.

Jeder Streit braucht Mitstreiterinnen und Mitstreiter. Im Laufe des Nachdenkens, Schreibens und Diskutierens haben den Verfasserinnen und dem Verfasser einige Personen mit Rat, Ideen und Zuspruch zur Seite gestanden. Wir möchten uns insbesondere bei folgenden Menschen für ihre Zeit und ihr Engagement beim Kommentieren des Manuskripts bedanken: Christine Chemnitz, Ulrich Hoffmann, Heike Löschmann, Ulrich Brand, Jutta Kill und Wolfgang Sachs. Für seinen professionellen Rat und seine große Geduld bedanken wir uns sehr bei Bernd Rheinberg.

Berlin, im September 2015

Barbara Unmüßig und Ralf Fücks
Vorstand der Heinrich-Böll-Stiftung

Einleitung

Grüne Ökonomie ist Hoffnung und Streitthema zugleich. Für die einen ist sie der Ausweg aus den ökologischen und ökonomischen Dauerkrisen und verspricht – eine lang gehegte Utopie – die Versöhnung von Ökologie und Ökonomie. Sie bedient die Hoffnung, unser hohes materielles Wohlstandsniveau halten zu können. Für die vielen, die bislang vom Wohlstand ausgeschlossen sind, soll er durch sie möglich werden. Und beides soll gelingen unter Einhaltung der biophysischen Grenzen unseres Planeten. Für die anderen ist die Grüne Ökonomie ein »Weiter so« im grünen Gewand oder lediglich ein »Greenwashing«, das die Plünderung des Planeten nicht stoppt und soziale Ungleichheiten sogar noch verschärft.

Die Grüne Ökonomie ist zu einem Streitfall geworden. Sie ist *das* umweltpolitische Thema, das zwischen Nord und Süd, zwischen Ost und West, zwischen Graswurzelbewegung und großer Politik, zwischen Oben und Unten kontrovers diskutiert wird. Die Debatte um die Grüne Ökonomie erhitzt die Gemüter, weil es eben um viel mehr geht als um Umweltschutz: Wie wollen wir in Zukunft leben? Wie wollen wir die begrenzten Ressourcen unseres Planeten miteinander teilen? Was ist das »gute Leben«?

Der Versuch, Grüne Ökonomie als neues Leitbild zu etablieren, erreichte im Vor- und Umfeld der Rio+20-Konferenz im Jahr 2012 seinen Höhepunkt. Dieser Versuch ist zwar nicht gelungen, das besondere Merkmal dieses Leitbildes hat es jedoch in die globale Klima- und Umweltpolitik geschafft: Die Wirtschaft selbst soll die Wege aus den ökologischen Krisen weisen – auch den Ausweg aus den politischen Sackgassen multilateraler Verhandlungen zum Schutz des Klimas und der Ökosysteme.

Grüne Ökonomie als Ausstieg vom »Business as usual« – das klingt gut, weil die Diagnose, dass wir nicht so weiterwirtschaften und konsumieren können wie bisher, von immer größer werdenden Teilen der wirtschaftlichen und politischen Eliten geteilt zu werden scheint. Die »Besorgnis« um schwindende Produktionsfaktoren, um die Knappheit wichtiger Ressourcen (Öl, Land, Wasser, biologische Vielfalt, mineralische Rohstoffe) treibt technologische Innovationen an. Die physischen Grenzen des Planeten bedrohen das kapitalistische Wachstumsmodell.

Die Abkehr vom »Weiter so« ist also durchaus politikfähig geworden. Doch gibt es tatsächlich politischen und gesellschaftlichen Konsens darüber, was das heißt? Findet die Abkehr vom »Weiter so« wirklich statt? Ist dieses »Weiter so« nicht der Normalfall und der Ausstieg aus der fossilen und ressourcenintensiven Wirtschaft bestenfalls die Nische? Welche Politiken gibt es, soziale Ungleichheit und sozioökologische Ungerechtigkeit innerhalb und zwischen Gesellschaften auch im Kontext von Klimawandel und Ressourcenknappheit zu überwinden?

Unser Blick auf die Realitäten ist geprägt von dem, was uns die Wissenschaft mittlerweile an Wissen und Daten bereitstellt. Wie groß die Aufgabe des Umsteuerns eigentlich ist, zeigen wir im ersten Teil des Buches.

Noch nie in der Geschichte der Menschheit gab es so viel systematisiertes und gebündeltes Wissen wie im Kontext globaler Umweltkrisen. Heute sind wir zumindest medial täglich mit den Realitäten von sozialer Ungleichheit, Armut, Flucht und Kriegen konfrontiert. Wir wissen um die heutigen und zukünftigen Gefahren einer globalen Klimakatastrophe und können dem Artensterben live zuschauen.

Wenn wir in diesem Buch das erschreckende Bild des »Weiter so« zeigen und erneut auf die wissenschaftlichen Daten der Planetarischen Grenzen verweisen, dann tun wir das, weil wir die Größe und die Dringlichkeit der politischen und gesellschaftlichen Aufgabe des Umsteuerns deutlich machen wollen. Grüne Ökonomie – so wie sie von der Mehrzahl ihrer Protagonistinnen und Protagonisten in der Wirtschaft, Politik und einigen supranationalen Institutionen verstanden wird – benennt viele Probleme richtig, verharmlost aber das Ausmaß des notwendigen Umsteuerns.

Zugegeben, unsere diskurs- und machtkritischen Analysen zu den konzeptionellen Grundannahmen der Grünen Ökonomie und ihrer Praxis vor allem im Klima- und Naturschutz sowie in der Landwirtschaft zeichnen ein bestürzendes Bild von Gegenwart und Zukunft. Dennoch, die Analysen der Planetarischen Grenzen und der sozialen Ungleichheit und Ungerechtigkeit sind für uns der Ausgangspunkt für eine positive Vision, die nicht lähmt, sondern zum radikalen Handeln geradezu auffordert: Sie machen uns die Herausforderung klar, wenn wir uns der Utopie eines guten Lebens, einer demokratischen, gerechteren und friedlichen Welt innerhalb der Planetarischen Grenzen für alle Menschen auf der Erde annähern wollen.

Die sozialen, ökonomischen und ökologischen Dauerkrisen sind eng miteinander verbunden. Wie ökologisch zukunftsfähige Innovationen mit normativen Grundlagen der Gerechtigkeit, demokratischer Kontrolle und Teilhabe, den universellen Menschenrechten generell verbunden werden können, muss Teil des Wegs zu einer grundlegenden Transformation unserer Wirtschaft und Gesellschaft sein. Die Größe der Aufgabe anzuerkennen ist Ansporn für diesen Prozess, den bereits viele begonnen haben, um die sozialen und technischen Innovationen zu finden, die wir brauchen.

Auch viele Protagonistinnen und Protagonisten der Grünen Ökonomie sehen, wie groß die Herausforderungen sind. Bei den Lösungen beschränken sie sich aber allzu häufig auf technologische Innovationen und neue Märkte. Eine solche Strategie verkürzt die Herausforderung aufs Ökonomische und erweckt den Eindruck, dass es ohne größere Umbrüche schon zu richten ist.

Ja, es geht um Hoffnung. Resignation wäre kein guter Ratgeber. Die Aufteilung in Optimisten und Pessimisten, wie sie leider häufig in Ökologiedebatten gemacht wird, ist uns zu schlicht. Radikaler Realismus ist der Kern unseres Verständnisses einer politischen Ökologie, die sich vor unbequemen Aufgaben nicht wegduckt und um gesellschaftliche Mehrheiten wirbt. Auch wenn das schwierig ist: Technologische und soziale Innovationen müssen viel enger miteinander verwoben sein; eine möglichst breite gesellschaftliche und partizipative Suche und entsprechende Bündnisse sind vonnöten.

Die Kunst wird es sein, das Projekt der Moderne mit dem aktuellen Wissen um die Planetarischen Grenzen und der alten Vision breiter demokratischer Teilhabe und vom Ende der Armut und der Ungerechtigkeit fortzuschreiben. Das ist kein kleines Vorhaben, es ist ein politisches und ethisches, es braucht Leidenschaft und Hartnäckigkeit, und es wird nicht in einen neuen Garten Eden führen. Soziale und ökologische Kämpfe werden es begleiten.

Die Grüne Ökonomie – so wie sie im ökonomischen Mainstream mittlerweile konzipiert und praktiziert wird – stellt sich dieser Utopie erst gar nicht. Sie bietet schnellere und vor allem ökonomische und technologische Antworten an. Im Kern der Grünen Ökonomie liegt das attraktive Versprechen: Wir können umsteuern, und alles wird gut. Mit mehr technologischer Innovation schaffen wir die Effizienzrevolution und die Entkoppelung der Wirtschaftsleistung vom Energie- und Materialverbrauch. Nicht, dass wir das nicht bräuchten. Ohne neue Ideen und Erfindungen treten wir auf der Stelle und werden die komplexen Herausforderungen der Zukunft nicht meistern. Aber das allein genügt nicht. Die Aufgabe ist größer.

Innovation hat in allen Vorschlägen für ein ökologisches Umsteuern eine Schlüsselstellung. Wo sie derzeit mit ihren neuen Wegen neue »grüne Sünden« hervorbringt und vor allem Irrwege einschlägt, das zeigen wir an vielen Beispielen in diesem Buch. Wie Innovation sozial und ökologisch eingebettet sein muss, um tatsächlich zukunftsfähige Beiträge zur sozial-ökologischen Transformation zu leisten und ob die Entkoppelung der Wirtschaftsleistung eines Landes (BIP) vom Natur- und Materialverbrauch eine Illusion ist oder nicht, das beschreiben wir ebenfalls.

Alle Konzepte der Grünen Ökonomie, die wir vor allem im zweiten Kapitel erörtern, stellen die Wirtschaft in den Mittelpunkt ihrer Vorschläge zur Zukunftsfähigkeit. Mehr noch, Ökonomie wird zum Ganzen, Ökologie zum Teilsystem erklärt statt umgekehrt. Diese Grüne Ökonomie definiert Natur neu, nicht die Wirtschaft. (Parallelen zu anderen Tendenzen der Ökonomisierung, zum Beispiel von

Care-Arbeit oder Entwicklungszusammenarbeit, sind uns bewusst, aber nicht explizit Thema dieses Buches.) Und der Homo oeconomicus steht einmal mehr im Zentrum aller Lösungen.

»It's the economy, stupid!« Klar, ohne Ökonomie wird es nicht gehen – das gilt auch für die Idee einer umfassenden ökologischen und sozialen Transformation. In Theorie und Praxis der Grünen Ökonomie steckt allerdings eine unheilvolle Paradoxie: Sie will das offensichtliche Versagen der bisherigen Ökonomie mit den alten Mitteln in neuen Feldern bekämpfen: nämlich der Inwertsetzung der Natur und anderer Lebensbereiche. Die Annahme ist schlicht: Wir brauchen eine Grüne Ökonomie, die das Marktversagen, wie es beim Klimawandel und beim Verlust der biologischen Vielfalt allenthalben konstatiert wird, endlich überwindet. Nicht mehr politische Gestaltung und Regulierung sind die Antworten auf diese beiden ökologischen Krisen, sondern mehr Markt mit neuen marktbasierten Instrumenten, die der Ausgrenzung von Natur und bestimmter Ökosystemdienstleistungen aus dem kapitalistischen Markt endlich ein Ende bereiten will.

Am Ende des Buches beschäftigen wir uns mit den blinden Flecken in den Konzepten der Grünen Ökonomie. Zu einem der ganz großen blinden Flecke der Grünen Ökonomie gehört, dass sie keine sozialen Akteurinnen und Akteure kennt, die sozialen und menschenrechtlichen Folgen mancher ökonomischer Praxis ausblendet und soziale Reproduktion (Stichwort »Care-Ökonomie«) als Teil jeder Wirtschaft wie alle traditionellen Ökonomiekonzepte ignoriert. Grüne Ökonomie ist blind für Macht und Politik und für Fragen von Gerechtigkeit und Demokratie.

Wir haben uns zu einer ausführlichen Kritik der Grünen Ökonomie – wie wir sie bislang konzeptionell rezipieren und praktisch erleben – entschieden, weil unter dem Banner eines eigentlich positiven Begriffs suggeriert wird, dass uns mit einem effizienteren und ressourcenschonenden neuen, aber grünen Wachstumsparadigma die Welt, wie wir sie kennen, weitgehend erhalten bleiben kann. Eine Welt, die so tut, als ob wachstumsfixierte technologische Innovation die einzig mögliche Antwort sei, und die wichtige Frage, wie wir mit *weniger, anders* und *vielfältig* eine bessere Zukunft schaffen können, für obsolet hält.

Wenn wir die Grüne Ökonomie so, wie wir sie bisher kennen, kritisieren, dann wollen wir natürlich nicht den Abgesang auf eine Ökonomie singen, die nichts dringlicher braucht als die Anerkennung Planetarischer Grenzen und normativer Grundlagen wie der universellen, aber auch der wirtschaftlichen, sozialen und kulturellen Menschenrechte. Viele grüne Ökonomiekonzepte sind aber genauso nicht entwickelt worden. Sie sind aus Institutionen hervorgegangen, die in ihrem Eigenleben und Eigenwillen Konzepte auf den Tisch gelegt haben, die nie breiter gesellschaftlich und parlamentarisch diskutiert wurden.

Grüne Ökonomie zu kritisieren ist nicht ganz ohne Risiko. Gibt es nicht dringlichere Themen? Sollten wir unsere politischen und publizistischen Energien nicht auf den Kampf gegen die braune, die fossile Ökonomie konzentrieren? Sind wir zu streng mit denen, die die Probleme erkannt haben und nach pragmatischen und schnellen Antworten suchen, für die es hier und jetzt politische Mehrheiten geben könnte?

Außerdem: Die Welt wird erschüttert von Kriegen und Terror; Millionen Menschen sind auf der Flucht. Grenzt es da nicht an Überforderung, sich nicht nur mit den großen ökologischen Krisen dieses Planeten auseinanderzusetzen, sondern auch noch mit dem Streit über falsche und richtige Lösungen?

All die strukturellen Ursachen der vielen Krisen in den Fokus zu nehmen und an Lösungen zu arbeiten, das grenzt tatsächlich an Überforderung. Sie hängen jedoch auf die eine oder andere Weise zusammen, und vernetzte und transdisziplinäre Sichtweisen statt sektoralen Handelns müssen daher Praxis sein bei der Suche nach den Antworten auf die Fragen, wie eine soziale und ökologische Transformation gelingen kann. Grüne Ökonomie kann und wird im Kontext ökologisch und sozial nachhaltiger Innovation unsere Wirtschaft dergestalt umbauen, dass wir fortan etwas weniger Ressourcen verbrauchen, die Umwelt etwas weniger belasten und bessere, zukunftsträchtigere Arbeitsplätze bieten. Die ökologische Trendumkehr wird aber radikaler ausfallen müssen. Ebenso werden die Gerechtigkeits- und Umverteilungspolitiken, mit denen Armut und Hunger Einhalt geboten werden können, eingebettet sein müssen in die Planetarischen Grenzen und in demokratische Prozesse.

Auf politischer Ebene üben sich die Regierungen der Welt weiterhin in Verantwortungslosigkeit. Auf multilateraler Ebene gibt es zu kleine Schritte, als dass die immense Naturzerstörung ernsthaft gestoppt werden könnte. Daran werden auch die neuen globalen Nachhaltigkeitsziele (»Sustainable Development Goals«, SDG), die neuen sozial-ökologischen Leitplanken der UN, wenig ändern, da sie wenig ambitioniert und vor allem gänzlich unverbindlich dastehen. Auch die UN-Klimaverhandlungen geben derzeit nur wenig Hoffnung auf einen Durchbruch für dringlich notwendige massive Reduktionen der Treibhausgase.

Wir beschreiben in diesem Buch die negativen Großtrends der Grünen Ökonomie, weil sie die vielen positiven Ansätze wie den Erfolg der erneuerbaren Energien konterkarieren. Gleichzeitig verzichten wir auf die Beschreibung konkreter Alternativen in der Praxis, weil sie vielerorts – auch in anderen Zusammenhängen – bereits beschrieben worden sind. Uns geht es um die Möglichkeiten eines Umsteuerns in der politischen Praxis, und wir analysieren deshalb, welche theoretischen Annahmen und welche Akteure hinter dem neuen Narrativ der »Grünen Ökonomie« eigentlich stecken. In diesem Sinne ist unser Zugang diskurs- und herrschaftskritisch. Es braucht Antworten darauf, wie die Gesellschaft ein Stück weit von der Vorherrschaft der Ökonomie befreit werden kann bzw. wie die »soziale Einbettung des Marktes« (Karl Polanyi) in die Gesellschaft wieder gelingen kann.

Dieses Buch ist eine Einladung zur Debatte. Wir haben weder die Wahrheit mit Löffeln gefressen, noch reklamieren wir für uns, die Krisen und Auswege in ihrer Vielfalt, Komplexität und Verschränktheit komplett durchschauen zu können. Das kann wohl heutzutage kein einzelner Mensch mehr von sich behaupten. Doch gerade deshalb ist es uns ein Anliegen, eine grundsätzliche und möglichst umfassende Kritik der Grünen Ökonomie vorzulegen, die die Grundannahmen und Hypothesen hinterfragt und die Implikationen zentraler Lösungswege untersucht – und damit eine Grundlage bietet für eine differenzierte, fundierte und konstruktive Debatte sowie eine Hilfestellung beim Suchen und Ringen um zukunftstaugliche Pfade.

TEIL EINS

Warum ein »Weiter so« keine Option ist

1

Die Vorherrschaft der Klimakiller

»Die Zukunft des Planeten ist gefährdet.« Kaum jemand widerspricht dieser Aussage ernsthaft. Unsere Einsicht in globale Zusammenhänge hat sich in den letzten Jahrzehnten enorm weiterentwickelt und zu dieser einvernehmlichen Überzeugung geführt. Es handelt sich nicht mehr nur um einen Weckruf von Ökologinnen und Ökologen, sondern um eine wissenschaftlich fundierte Aussage, die sich auf unzählige Einzelstudien stützt.

Einer der Meilensteine in der systematischen Erfassung und Einordnung globaler Umweltkrisen ist beispielsweise das im Jahr 2001 initiierte Millennium Ecosystem Assessment (MA) der Vereinten Nationen, das den Zustand und Verlust von Ökosystemen und biologischer Vielfalt beschreibt. Und noch nie in der Geschichte der Menschheit ist ein so umfassender Versuch unternommen worden, Wissen zu systematisieren, zu bündeln und zu politisch relevanten Schlussfolgerungen zu formulieren, wie im Kontext des Klimawandels. Der bereits 1988 unter dem Dach der UNO gegründete Weltklimarat IPCC (Intergovernmental Panel on Climate Change) stellt ein einmaliges Unterfangen dar, einen globalen, wissenschaftlich fundierten Konsens zu erzielen. Tatsächlich ist inzwischen die Einsicht, dass die Menschheit auf einen gefährlichen, selbst verursachten Klimawandel zusteuert, fast zu einer Art globalen »Common Sense« geworden. Zwar gibt es ein Lager der Skeptiker und Leugner, aber dieses bleibt wissenschaftlich, wenn auch nicht überall politisch, eher unbedeutend.

Die Planetarischen Grenzen

Ein wichtiger Bezugsrahmen zur Systematisierung globaler Umweltkrisen ist der Ansatz der »Planetarischen Grenzen – Planetary Boundaries« des Stockholm Resilience Center unter der Federführung von Johan Rockström geworden.[1] Dieser Ansatz versucht, globale Prozesse zu identifizieren, die das Gleichgewicht der Erde (als System) bedrohen. Die Forscherinnen und Forscher um Rockström sind sich dabei bewusst, dass globale Tendenzen durch eine Vielzahl lokaler Prozesse verursacht werden. Fundamental für den Ansatz ist die Annahme von lokalen und globalen Schwellen (»thresholds«), deren Überschreitung unabsehbare Konsequenzen hat. Dabei ist klar, dass Schwellen oder Grenzen nicht ganz genau zu fixieren sind. Gerade dass es in vielen Ökosystemen sogenannte Kipp-Punkte (»tipping points«) gibt, bedeutet Unsicherheit für genaue Vorhersagen. Im Ansatz der Planetarischen Grenzen geht es aber weniger um detaillierte Voraussagen als um die Bestimmung eines sicheren Rahmens, in dem die Belastungen nach menschlichem Ermessen und verfügbarem Wissensstand kontrollierbar sind. Der Ansatz versucht, wichtige Trends einzubeziehen, auch wenn sie nicht alle auf derselben Ebene liegen: Menschliche Aktivitäten verbrauchen nicht erneuerbare Ressourcen und vernichten Natur; gleichzeitig beanspruchen sie die Kapazitäten der Meere, des Landes und der Atmosphäre – sogenannte Senken –, die die Schadstoffe aufnehmen. Trotz einiger konzeptioneller Kritik[2] ist der Ansatz der Planetarischen Grenzen weitgehend akzeptiert, auch UN-Organisationen oder die Europäische Kommission beziehen sich mittlerweile auf ihn.

Wenig überraschend gehören der Verlust der Biodiversität und der Klimawandel zu den wichtigsten Bedrohungen des »sicheren Raums«, den der Ansatz der Planetarischen Grenzen identifiziert. Weniger im allgemeinen Bewusstsein ist die dritte identifizierte signifikante Überschreitung unserer Planetarischen Grenzen: die Stickstoffbelastung von Böden und Gewässern. Der Ansatz der Planetarischen Grenzen schärft den Blick darauf, dass die globalen Herausforderungen mehrdimensional und miteinander vernetzt sind. Schließlich hat im deutschsprachigen Raum der Wissenschaftliche Beirat der Bundesregierung Globale Umweltveränderungen (WBGU) 2011 ein Hauptgutachten mit dem Titel »Welt im Wandel – Gesellschaftsvertrag für eine Große Transformation« vorgelegt, das die heute bestehenden globalen Umweltprobleme als dramatisch beschreibt und eine große Transformation fordert. Diese stellt letztlich die Moderne infrage und fordert ein Ausmaß an ökonomischen, politischen, sozialen und kulturellen Veränderungen, die alle Industrie- und Schwellenländer beträfe. Ein Fazit des WBGU lautet: »Der fossil-nukleare Metabolismus der Industriegesellschaft hat keine Zukunft. Je länger wir an ihm festhalten, desto höher wird der Preis für die nachfolgenden Generationen sein. Doch es gibt Alternativen, die allen Menschen zumindest die Chance auf ein gutes Leben in den Grenzen des natürlichen Umweltraums eröffnen können. Ohne eine weltweite Übereinkunft, diese Alternativen tatsächlich zu wagen, werden wir nicht aus der Krise der Moderne herausfinden.«[3]

Die Abkehr vom »Weiter so«, vom »BAU« (»Business as usual«) ist also politikfähig geworden. Der Satz »BAU ist keine Option« ist durchaus der Referenzrahmen für manche Studie und manchen Strategieansatz zum Beispiel seitens der Weltbank oder der OECD[4] geworden. Das ökonomische Risiko des Klimawandels – also der Verlust wichtiger natürlicher Produktionsfaktoren wie Wasser, Land, mineralischer und biotischer Ressourcen, biologischer Vielfalt – steht im Zentrum eines Umdenkens auch bei einigen Akteurinnen und Akteuren der Wirtschaft. Das lässt eine schrittweise Dekarbonisierung der Weltwirtschaft und den Schutz von Ressourcen zumindest möglich erscheinen.

Doch findet eine Abkehr vom BAU wirklich statt? Werden die Weichen dafür auch politisch richtig gestellt? Ist BAU nicht eher der Normalfall und Dekarbonisierung die Nische? Oder wird uns gar ein Ausweg aus den multiplen Krisen suggeriert, der sich letztlich aber als BAU herausstellt und von dem genau diejenigen profitieren, die bei einer Abkehr vom jetzigen Wirtschafts- und Entwicklungsmodell am meisten zu verlieren hätten?

Die fossile Weltwirtschaft

Im Jahre 2014 sind unsere Kenntnisse bezüglich der Bedrohung unserer Lebensgrundlagen auf dem Planeten durch den fünften Sachstandsbericht des IPCC auf dem aktuellen Stand zusammengefasst worden. Gleichzeitig hat der »New Climate Economy«-Report den sogenannten Stern-Review aus dem Jahr 2006 hinsichtlich der ökonomischen Konsequenzen und Handlungsmöglichkeiten in Zeiten des Klimawandels aktualisiert.

Zwei beunruhigende Feststellungen sind bezüglich des Klimawandels in beiden Berichten deutlich herausgearbeitet worden: Die von Menschen verursachten Emissionen von Treibhausgasen sind in den Jahren von 2000 bis 2010 stärker angestiegen als je zuvor – also in einer Zeit, in der die Gefahr des Klimawandels längst bekannt war, die UN-Klimarahmenkonvention einen multilateralen Verhandlungsrahmen geschaffen hatte und weltweit zahlreiche Initiativen gegen den Klimawandel bereits umgesetzt wurden, nicht zuletzt die deutsche Energiewende.

Die aktuellen Zahlen zeigen deutlich, dass der überwiegende Teil der Emissionen bzw. ihr Anstieg durch die Verbrennung fossiler Energieträger verursacht wird. Wollen wir den Klimawandel ernsthaft bekämpfen, so müssen wir also primär über Kohle, Öl und Gas reden.

Die steigenden Emissionen durch fossile Energieträger treffen auf eine weitere weltweit zu beobachtende Tendenz. Zusammen bilden sie eine hochexplosive Mischung: Durch die Erschließung immer neuer Öl- und Gasvorkommen (etwa in der Tiefsee), durch die Exploration von Teersanden und die Fracking-Technologie bleiben Öl und Gas auf hohem Niveau verfügbar, ganz zu schweigen von den immensen Kohlevorräten. Dabei entstehen bei der Förderung dieser unkonventionell genannten Erdgas- und Erdölreserven deutlich mehr Emissionen als bei konventionellen Quellen. Dies liegt vor allem an den wasser- und energieintensiven Produktionsmethoden. Bei der Produktion von Erdöl aus Teersanden beispielsweise entstehen drei-

Klimakiller Kohle

Keine andere Energiequelle trägt weltweit so sehr zum Treibhausgasausstoß bei wie die Kohle. Weltweit war sie 2013 für den Ausstoß von 15,5 Milliarden Tonnen CO_2 verantwortlich. Das entspricht etwa 43 Prozent der gesamten Kohlendioxidemissionen aus der Verbrennung von fossilen Brennstoffen und der Zementproduktion sowie etwas mehr als einem Viertel der gesamten Treibhausgasemissionen.

Auf 968 Gigatonnen (Milliarden Tonnen) schätzt die Bundesanstalt für Geowissenschaften und Rohstoffe die weltweiten Reserven an Kohle. Um die globale Erwärmung auf wenigstens zwei Grad zu begrenzen, müssten 887 Milliarden Tonnen Kohle bzw. 88 Prozent der bekannten Reserven im Boden bleiben. Der jährliche Pro-Kopf-Verbrauch von Kohle müsste von zurzeit 1,07 Tonnen auf nur noch 80 Kilogramm im Jahr 2050 sinken.

Beispiel Braunkohle: Deutschland ist der größte Förderer von Braunkohle weltweit. Im Jahr 2013 wurden rund 183 Millionen Tonnen abgebaut. Dafür sind rund 175.000 Hektar der Landesfläche von Tagebauen in Anspruch genommen worden. Das entspricht gut 246.000 Fußballfeldern. Innerhalb von 90 Jahren mussten in Deutschland über 230 Siedlungen mit insgesamt fast 110.000 Menschen der Braunkohle weichen. Aber auch in anderen Ländern existieren riesige Minen im Tagebau. Die größte liegt in den USA und ist 260 Quadratkilomter groß. Der Raubbau an der Natur und die lang anhaltenden Folgeschäden des Bergbaus etwa für den Wasserhaushalt sind immens – die Übernahmen der Folgekosten auf Dauer jedoch weitgehend ungeklärt. ■

Quelle: Kohleatlas – Daten und Fakten über einen globalen Brennstoff[5]

bis fünfmal so viele klimaschädliche Emissionen wie bei konventionellem Erdöl.[6] Beim Fracking wiederum entweicht Methan, das eine deutlich höhere Klimawirksamkeit hat als CO_2. Einige wissenschaftliche Studien gehen davon aus, dass Schiefergas sogar einen höheren Treibhausgasfußabdruck hat als Kohle.[7] Wenn die Menschheit allein die momentan verfügbaren Öl- und Gasvorkommen verbrennt, dann ist kein 2 °C-Ziel zu erreichen, mit dem die Folgen des Klimawandels halbwegs beherrschbar bleiben sollen.[8]

Das Fördermaximum (»Peak Oil«) für leicht erschließbares, konventionelles Erdöl ist in weiten Teilen bereits erreicht oder überschritten. Die Erschließung der neuen unzugänglicheren und emissionsstärkeren Erdöl- und Erdgasquellen geht mit immensen finanziellen Kosten, mit hohem Energieaufwand sowie sozialen und ökologischen Nachteilen einher.

Aber unser Problem ist ja nicht, dass uns das Erdöl kurzfristig ausgeht und erst recht nicht die Kohle. Nein, wir haben mehr als genug davon, um unseren Planeten, unser Klima und unsere Lebensgrundlagen zu zerstören.

Im Jahr 2009 veröffentlichte die Zeitschrift *Nature* eine bahnbrechende Recherche, die erstmals so etwas wie ein »globales CO_2-Budget« kalkulierte. Das Ergebnis: Wenn das berechnete Budget nicht eingehalten wird, dann ist die maximal tolerierbare Erwärmung um durchschnittlich 2 °C über vorindustriellem Niveau nicht zu schaffen. Das heißt: Wenn wir unser aktuelles Tempo beibehalten, können wir nur noch circa 13 Jahre lang wie gehabt weiter Kohle, Erdöl und Erdgas verbrennen – dann ist unser globales noch vertretbares CO_2-Budget gesprengt. Der Rest ist »unburnable carbon« (»unverbrennbarer Kohlenstoff«) – ein Begriff, den die Carbon-Tracker-Initiative geprägt hat und der in der weltweiten Klimapolitik zu einem wichtigen Maßstab geworden ist. Die Initiative hat kalkuliert, dass 2795 Gigatonnen CO_2 in den bekannten Öl-, Gas- und Kohlereserven stecken, die in privatem und staatlichem Besitz sind und an den globalen Börsen gehandelt werden. Diese Zahl stellen sie einem globalen, noch tolerierbaren Kohlenstoffbudget von 565 Gigatonnen gegenüber. Das Ergebnis: Vier Fünftel sind »unburnable carbon«.[9]

Was diese Berechnungen konkret für die Nutzung der einzelnen fossilen Rohstoffe (auch in der geografischen Verteilung) bedeuten, haben zwei Wissenschaftler am University College London (UCL) berechnet und Anfang 2015 in der Zeitschrift *Nature* publiziert:[10] Wir dürfen demnach nur circa zehn Prozent der derzeit bekannten globalen Kohlereserven, ein Drittel der Erdöl- und circa 50 Prozent der Erdgasreserven verbrennen, wenn wir es ernst meinen mit dem 2 °C-Limit.

Bill McKibben, Begründer der Organisation 350.org, hat im Jahr 2012 mit einem Beitrag im *Rolling Stone* die Berechnungen der Carbon-Tracker-Initiative zur Grundlage einer breiten und globalen Divestment-Bewegung erklärt: Universitäten, Gemeinden, Städte, Anleger/innen und viele andere sollen danach ihre Investitionen aus fossilen Energieträgern abziehen.[11] Was aufseiten von 350.org und für die Klimabewegung eine moralische Notwendigkeit ist und der fossilen Industrie immerhin die »social licence«, also das Ansehen, entziehen kann, ist für institutionelle Anleger, Pensionsfonds und Regierungen auch eine Frage des Risikomanagements: Wenn man davon ausgeht, dass die Politik in absehbarer Zeit doch noch wirksame Maßnahmen gegen den Klimawandel ergreift und letztlich den Verbrauch fossiler Energieträger einschränkt, dann werden viele der heutigen Investitionen zu »stranded assets«, also verlorenen Vermögenswerten, und auf den globalen Märkten würde gar eine neue Finanzkrise aufgrund der »carbon bubble« drohen, denn schnell würde aus der Kohlenstoff- eine Spekulationsblase. Es ist gut, dass sich bereits einige institutionelle und staatliche Investoren (wie beispielsweise der norwegische Pensionsfonds) aus Kohleprojekten zurückziehen, um ihre Institutionen zukunftssicher zu machen. Die Gefahr einer Finanzmarktblase ist allerdings noch lange nicht gebannt. Fossile Konzerne und ihre Investoren »wetten« gegen die Fähigkeit unserer Regierungen, doch noch rechtzeitig ambitionierte Klimapolitiken einzuleiten.

Die fossile Lobby

Der Weltklimarat und immer mehr auch die Internationale Energieagentur erkennen an, dass zwei Drittel bis vier Fünftel der fossilen Vorräte in der Erde bleiben müssen, wenn wir im 2 °C-Korridor bleiben wollen.[12] Auch die Politik weiß durch die verfügbaren wissenschaftlichen Erkenntnisse gerade des Weltklimarats, dass sie für den Ausstieg aus der fossilen Energie die richtigen Weichen stellen und passende Rahmenbedingungen schaffen muss. Die Politik gestaltet den notwendigen Umbau der fossilen Energiematrix momentan jedoch nicht so, wie er notwendig wäre. Dabei wäre der rasche Übergang zu einem Energiesystem, das auf erneuerbaren Energien basiert, technisch und wirtschaftlich möglich. Dass dies nicht geschieht, ist zum größten Teil dem immensen Einfluss der weltweiten fossilen Lobby auf die Politik geschuldet. Die Industrialisierung auf der Basis fossiler Energie hat eine wirtschaftliche Vormachtstellung entsprechender Unternehmen (und einiger Gewerkschaften) geschaffen, die diese in direkten politischen Einfluss ummünzen. Zudem liegt ein Großteil der fossilen Reserven in staatlicher Hand und wird von staatseigenen Betrieben gefördert, gehandelt und verbraucht. In diesen Fällen ist eine Trennung zwischen Industrie- und Politikinteressen oft kaum noch möglich. Wenn dann noch – wie in vielen rohstoffreichen Entwicklungsländern der Fall – schwache Governancestrukturen und grassierende Korruption hinzukommen, verstärkt sich die Tendenz, dass sich Klientelinteressen und damit die Einnahmesicherung aus der Verwertung der fossilen Rohstoffe durchsetzen.

Bei der Frage nach der Verantwortung für den Klimawandel haben sich in den letzten Jahren gleichwohl erstaunliche Erkenntnisse durchgesetzt: Nur 90 Produzenten von Kohle, Erdöl, Erdgas und Zement, die sogenannten »Carbon Majors« – private, öffentliche und staatseigene Konzerne sowie ehemalige Staatswirtschaften[13] –, sind für 65 Prozent der Emissionen seit Beginn der Industrialisierung verantwortlich.[14] Die weltweit 35 größten Produzenten von Kohle waren allein zwischen 1988 und 2013 für ein Drittel der globalen Emissionen verantwortlich. Diese Konzerne haben Milliardenprofite erwirtschaftet. Obwohl spätestens seit 1988 und der Gründung des Weltklimarates die Schädlichkeit der CO_2-Emissionen anerkannt war, sind diese Unternehmen für den Schaden, der dadurch entstanden ist und weiter entsteht, bisher nicht zur Rechenschaft gezogen worden – weder finanziell noch strafrechtlich.

Die Carbon-Majors-Recherche stellt die Frage von der Verantwortung für den Klimawandel vom Kopf auf die Füße und macht es erstmals möglich, konkret die jeweilige Verantwortung einzelner Unternehmen mit Zahlen zu belegen.[15] Es sind vor allem börsennotierte private und staatseigene Öl-, Gas- und Kohlefirmen, die den Ausstieg aus dem fossilen BAU verhindern oder bremsen. Der Grund: »Etwa ein Viertel der fossilen Ressourcen gehört privaten Firmen. Viele von ihnen sind an Börsen gelistet. Ihre ausgewiesenen Reserven gehen als zukünftige Gewinne zu einem erheblichen Teil in ihre Börsenbewertung ein. Öl-, Gas- und Kohlefirmen müssen ständig neue Reserven ausweisen, um ihren Börsenwert zu erhalten. Daher investieren die 200 größten börsennotierten Firmen 674 Milliarden US-Dollar jährlich in die Erschließung neuer fossiler Reserven …«[16]

Anstatt die Analysen zur fortschreitenden Erderwärmung und zum notwendigen Umbau der fossil-nuklearen Energieversorgung ernst zu nehmen, setzen unsere Regierungen global weiterhin auf eine verstärkte Ausbeutung fossiler Rohstoffe und subventionieren diese sogar. Die Regierungen der G20 geben laut einer Studie von Oilchange International und dem Overseas Development Institute von 2014 beispielsweise jährlich 88 Milliarden US-Dollar an öffentlichen Subventionen für die Exploration, also die Erkundung neuer fossiler Reserven, aus,[17] obwohl klar ist, dass wir mindestens 80 Prozent von dem, was wir bereits gefunden haben, nicht werden verbrennen können.

Hinter den Unternehmen stehen oft sehr mächtige Privatpersonen. Ein gutes Beispiel sind die Brüder Charles und David Koch – sie zählen zu den reichsten Männern unseres Planeten –, die ein Firmenimperium mit großen Interessen in der Öl- und Gasindustrie kontrollieren. Mit ihrem (Rein)Vermögen, das sie seit 2005 von zehn auf über 100 Milliarden US-Dollar gesteigert haben, können sie ameri-

Die Carbon Majors im Überblick

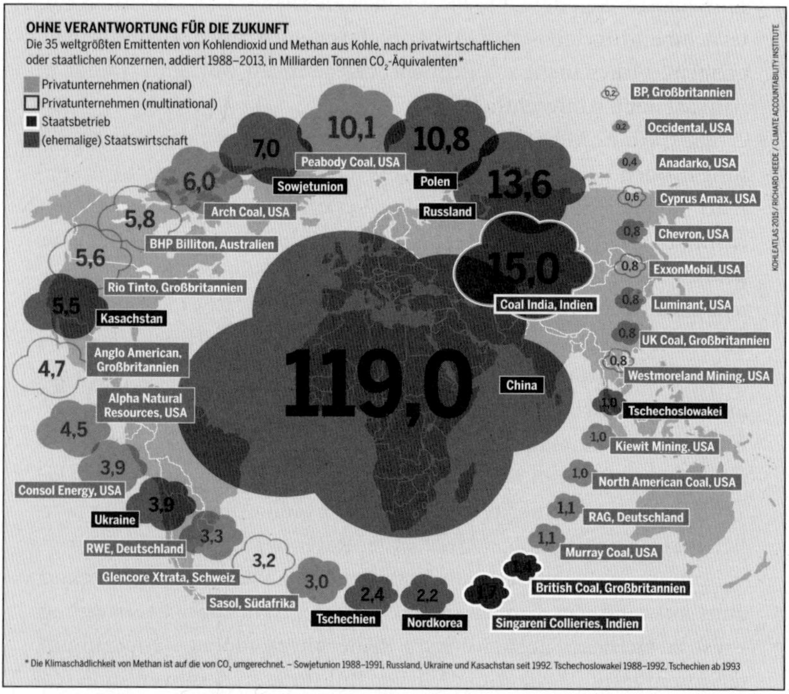

Chevron, ExxonMobil, Saudi Aramco, BP, Gazprom, Shell, aber auch RWE und die RAG Steinkohle sind Global Player auf dem »Kohlenstoffmarkt«. Die Grafik enthält Daten, die Richard Heede vom Climate Accountability Institute exklusiv für den Kohleatlas der Heinrich-Böll-Stiftung und des BUND zusammengestellt hat. Die Daten entstammen seiner klimawissenschaftlichen Recherche für das Climate Justice Programme zu den sogenannten Carbon Majors,[18] den größten fossilen Produzenten. In dieser Grafik sind nur die Unternehmen (private und staatseigene Konzerne, aber auch Staatswirtschaften) aufgelistet, die Kohle produzieren. Bei den ebenfalls enthaltenen Öl- und Gasfirmen wurde nur deren (ehemaliges) Kohlegeschäfte bewertet. Berücksichtigung fanden nur die Daten ab 1988 (Richard Heede's Daten gehen bis 1750 zurück), als der IPCC gegründet und bei der Klimakonferenz in Toronto die ersten Reduktionsziele eingefordert wurden.

Quelle: Kohleatlas – Daten und Fakten über einen globalen Brennstoff[19]

kanische Politik nach Gutdünken beeinflussen: So haben sie in den vergangenen Jahren nicht nur Klimagesetzgebungen verhindert, sondern auch progressive Politiken in den Bereichen Gesundheit, Arbeitnehmerrechte, Einwanderung und Gleichstellung.[20]

Erneuerbare Energien auf dem Vormarsch, doch fossiler Ausbau dominiert

Trotz der immensen Macht der Kohlenstofflobby deutet sich eine kleine globale Energiewende an: Nicht nur in Europa, sondern weltweit sind die erneuerbaren Energien auf dem Vormarsch. Auch deshalb sind laut den Zahlen der internationalen Energieagentur die globalen Emissionen aus der Energieerzeugung im Jahr 2014 erstmals nicht mehr gestiegen, sondern stagnierten gegenüber 2013, obwohl die globale Wirtschaft um drei Prozent gewachsen ist. Als Grund sieht die Agentur eine beginnende Entkopplung von Wirtschaftswachstum (BIP) und der Nutzung fossiler Energieträger.

Aber auch wenn die Erzeugung erneuerbarer Energien rasant wächst – weltweit reicht es bislang nicht, diejenigen aus fossilen Quellen zu ersetzen. Trotz enormer Zuwachsraten können erneuerbare Energien im Moment nicht einmal zehn Prozent des weltweiten Energiebedarfs decken – unter Einbeziehung der umstrittenen Wasserkraft. Außerdem steigt mit der Installation von Windrädern, Solarmodulen und der Entwicklung von Speichertechnologien auch der Bedarf nach mineralischen und metallischen Rohstoffen (zum Beispiel Lithium, Seltene Erden, Kobalt), was wiederum zu sozialen und ökologischen Krisen in den rohstoffreichen Ländern (vor allem in Afrika, Asien und Lateinamerika) führt. Erneuerbare Energien sind eben nicht immateriell.

Und ein Umstieg auf sich erneuernde Energiequellen geht nicht automatisch mit einer Dezentralisierung und einem Machtverlust der alten Energiegiganten einher. Denn auch die großen Ölkonzerne investieren in Windparks und Biokraftstoffe. Sogar die großen Bergbaukonzerne erkennen die Zeichen der Zeit und setzen auf erneuerbare Energien – im Falle von Großstaudämmen mit erheblich negativen

Neue Hoffnung, made in China

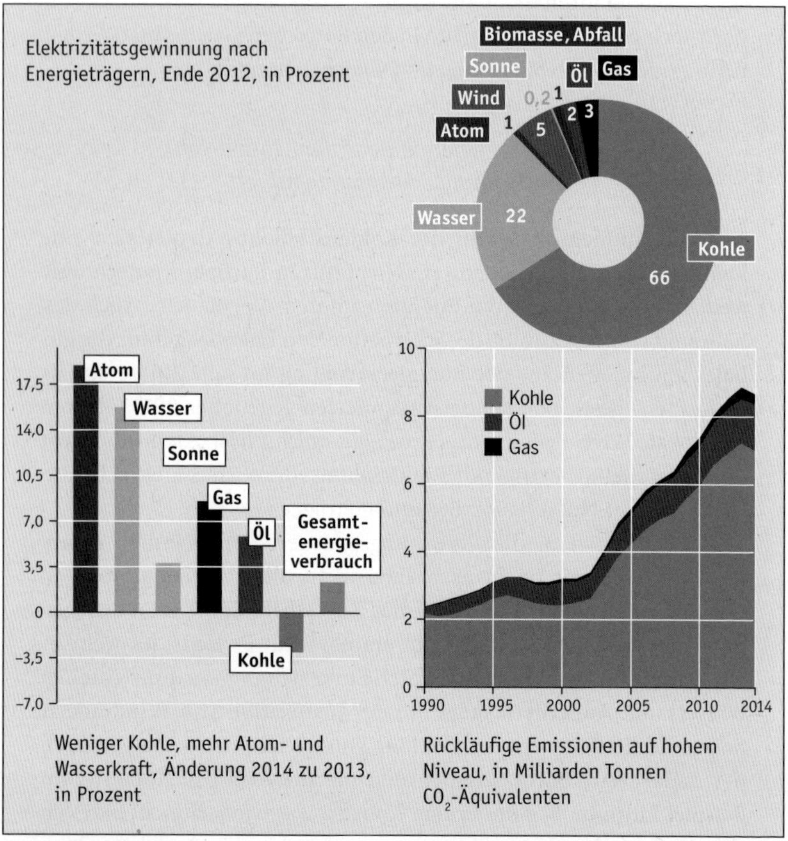

Elektrizitätsgewinnung nach Energieträgern, Ende 2012, in Prozent

Weniger Kohle, mehr Atom- und Wasserkraft, Änderung 2014 zu 2013, in Prozent

Rückläufige Emissionen auf hohem Niveau, in Milliarden Tonnen CO_2-Äquivalenten

Das Jahr 2014 markierte einen Einschnitt: Erstmals seit mehr als drei Jahrzehnten hat China weniger Kohle als im Jahr zuvor verbrannt. Der Verbrauch ging um 2,9 Prozent zurück; die Importe sind um elf Prozent geradezu eingebrochen. Noch vor Kurzem hatte die Internationale Energieagentur prognostiziert, dass die Zahlen bis 2020 weiter ansteigen würden. Trotz des Rückgangs der Kohle ist der Stromverbrauch um 3,9 Prozent gestiegen und das Bruttoinlandsprodukt sogar um über sieben Prozent gewachsen. Ob diese Entkopplung eine Ausnahme bleibt oder eine Trendwende bedeutet, ist umstritten. Es dürfte auch mit der Zunahme anderer Energieträger zusammenhängen.

Quelle: Kohleatlas 2015, EIA CARBON BRIEF

sozialen und ökologischen Folgen. Ein emissionsärmerer Energiemix heißt noch nicht das Ende der Ausbeutung von Menschen und Natur.

Das Anwachsen der weltweiten Energieproduktion findet heute vorwiegend in Ländern außerhalb der OECD statt, wobei China eine exponierte Stellung einnimmt. Dies ist verbunden mit einem Prozess der tendenziellen De-Industrialisierung in den USA und Europa. In den klassischen Industrienationen sinkt der Anteil der Industrieproduktion an der Wirtschaftsleistung, weil sie zu einem Teil nach China verlagert wird. In Europa erleichtert dies natürlich die Erreichung von Klimazielen – ein Teil der Emissionsquellen ist einfach nach China exportiert worden.

Das Beispiel Chinas ist illustrativ: Zwar hat das Land massiv und erfolgreich in den Ausbau von Wind- und Sonnenenergie investiert, aber dies verändert nicht grundlegend die Energiematrix oder nur sehr langsam. Fossile und erneuerbare Energieträger wachsen global parallel. Hinzu kommt vielerorts, dass Regierungen weiter auf die Nutzung oder gar den Ausbau von Atomkraft setzen. Aber immerhin sind die erneuerbaren Energien ihrer Nische entwachsen. Wind- und Solarkraft dominieren inzwischen die Neuinstallationen. Seit 2007 liegt beispielsweise ihr Zubau in der EU vor allen anderen Energieträgern. Ihr Anteil an der neu installierten Kraftwerksleistung ist zuletzt auf 79 Prozent gestiegen. Mit anderen Worten laufen vier von fünf neuen Kraftwerken mit erneuerbarer Technologie.[21]

Auch wenn es viele Hoffnungsschimmer und Ansätze für Veränderungen gibt – die unbequeme Wahrheit bleibt, dass wir auch über 20 Jahre nach der Verabschiedung der Klimarahmenkonvention auf der Umweltkonferenz von Rio 1992 weit von einer globalen Wende entfernt sind, obwohl unser Wissen um den Klimawandel mittlerweile enorm gewachsen und konsolidiert ist, mit dem Ergebnis einer historisch einmaligen Übereinkunft über die Notwendigkeit, die Erderwärmung auf 2 °C über vorindustriellem Niveau zu begrenzen. Und obwohl auch die ökonomische Logik für eine konsequente Klimapolitik spricht und auf der ganzen Welt enorme Anstrengungen für den Ausbau erneuerbarer Energien unternommen werden – unsere Bemühungen reichen nicht.

2

Der große Verlust biologischer Vielfalt

»Das Dokument sollte die ganze Welt aufrütteln«, verkündete UNEP-Chef Achim Steiner bei der Vorstellung des »Global Biodiversity Outlook« im Oktober 2014. Nun, das dürfte gründlich misslungen sein. Die Vorstellung des Berichts während der jährlichen Konferenz der Vertragsstaaten der Biodiversitätskonvention wurde international kaum wahrgenommen, obwohl der Bericht deutlich macht, dass sich der Zustand der Natur dramatisch verschlechtert hat. Denn die globalen Zukunftsperspektiven werden nicht allein vom Klimawandel gefährdet. Der Verlust der Biodiversität ist neben dem Klimawandel als weitere große globale und dringliche Herausforderung identifiziert worden. Im Jahr 1992 wurde deshalb in Rio de Janeiro neben der Klimarahmenkonvention auch die Biodiversitätskonvention, die »Convention on Biological Diversity« (CBD), verabschiedet.

Seit dem Jahr 1992 hat sich unser Wissen um den Verlust von Ökosystemen und biologischer Vielfalt erweitert. »Verlust« erscheint im Lichte neuerer Forschungen als ein beschönigender Begriff. Im englischen Sprachraum hat sich die Bezeichnung »great extinction«, die »große Massenausrottung«, eingebürgert. Das von den Menschen verursachte Artensterben ist nur vergleichbar mit dem Artensterben vor 250 Millionen Jahren (bekannt als »Perm-Trias-Massensterben«), bei dem rund 90 Prozent aller Tier- und Pflanzenarten verschwanden. Tatsächlich sind die Zahlen besorgniserregend: Neuere Forschungen gehen davon aus, dass die aktuelle Aussterbungsrate etwa tausendmal höher ist als in der Zeit vor dem menschlichen Einfluss – mit steigender Tendenz.[22] Laut dem Living Planet Index hat sich die Zahl der Tiere auf unserem Planeten seit 1970 um etwa 52 Prozent verringert.[23]

Hauptursache für die Ausrottung der Lebewesen ist der Verlust ihrer Lebensräume durch die Expansion von Nutzungsflächen – sei es für Landwirtschaft, Infrastruktur und menschliche Siedlungen oder Großprojekte wie Staudämme oder Bergbau. Außerdem werden die Fischressourcen global übernutzt, dabei auch Korallenriffe und Mangroven zerstört, Flüsse und Seen vergiftet und überdüngt.

Einen besonderen Stellenwert nimmt die Vernichtung der extrem artenreichen tropischen Regenwälder ein. Obwohl nur etwa sieben Prozent der eisfreien Landfläche von Regenwäldern bedeckt sind, schätzt man, dass in ihnen etwa 90 Prozent aller Tier- und Pflanzenarten leben, viele von ihnen sind noch unbekannt. Die Bedeutung der Artenvielfalt für die Zukunftsfähigkeit des Lebens auf der Erde ist kaum zu verifizieren – wir wissen aber, dass Vielfalt Grundlage der Evolution und der Entwicklung des Lebens ist.

Dennoch hat sich zwischen 2000 und 2010 die Zerstörung der Regenwälder beschleunigt. Alle fünf Jahre wurde ein Gebiet der Größe der Bundesrepublik zerstört.[24] In der Amazonasregion, dem größten Regenwaldgebiet der Welt, sind die Umwandlung in Viehweiden und der illegale Holzeinschlag die wichtigsten Ursachen für die Entwaldung, in Indonesien ist es die Anlage von Palmölplantagen. Die Zerstörung der Wälder ist nicht primär das Werk armer Kleinbauern, sondern einer in den Weltmarkt integrierten, exportorientierten Ökonomie.

Zerstörung von Naturräumen und die Bedrohung der biologischen Vielfalt ist nicht nur in tropischen Gefilden, sondern auch in Deutschland ein Problem. Der von der Bundesregierung 2014 unter dem anspruchsvollen Titel »Zur Lage der Natur« veröffentlichte Bericht lässt da keinen Zweifel. Die Erhaltung des Lebensraums wird in fast allen Regionen Deutschlands als »unzureichend« (39 Prozent) oder »schlecht« (31 Prozent) eingestuft. Auch bei der Erhaltung der Arten schaffen nur 25 Prozent der Regionen die Bewertung »günstig«. Die Gründe dafür sind vielfältig und beruhen teilweise gerade auf aktuellen Entwicklungen. So hat der vermehrte Anbau von Mais für die Energiegewinnung und Raps zur Treibstoffgewinnung (»Biodiesel«) zur massiven Ausbreitung von Monokulturen beigetragen.[25] Dabei wird gerade die Förderung von sogenanntem Biosprit als Maßnahme zur Bekämpfung des Klimawandels begründet.

Aber nicht nur die Art und Weise, wie wir Flächen nutzen, bedroht Naturräume: Trotz sinkender Bevölkerungszahlen werden in Deutschland durchschnittlich etwa 70 Hektar fruchtbarer Boden pro Tag versiegelt. In den letzten Jahren hat sich der Flächenverbrauch nach einem leichten Rückgang (2000 waren es noch 129 Hektar pro Tag) bei diesem Wert eingependelt. Die Bundesrepublik ist damit weit davon entfernt, das selbst gesteckte Ziel zu erreichen, bis 2020 die Flächenversiegelung auf 30 Hektar pro Tag zu reduzieren.[26] Doch statt die Versiegelung zu erschweren, setzen die deutschen Naturschutzbehörden auf sogenannte Flächenagenturen. Kern der seit 1976 geltenden Eingriffsregelung im deutschen Naturschutz ist das Kompensationsprinzip: Wo Natur und Landschaft durch neue Anlagen, Siedlungen oder Verkehrsflächen beeinträchtigt werden, muss ausgeglichen werden. Hierfür »poolen« die Flächenagenturen geeignete Flächen. Mit den sogenannten Flächenpools (auch: Ökokonten) bietet sich die Gelegenheit, in flächenmäßig vergleichsweise großen, zusammenhängenden Gebieten mehrere Einzelmaßnahmen zu kombinieren. Ein solches Vorgehen erscheint auf den ersten Blick sinnvoll. Aber die Flächenpools sind kein Mittel, den Flächenverbrauch zu reduzieren; sie organisieren ihn lediglich. Und indem sie Kompensation vereinfachen, könnten sie sogar zu einem Instrument werden, Flächenverbrauch zu begünstigen.

Bereits 2005 hatten die UN das Millennium Assessment vorgelegt mit dem Ziel, nicht nur das Ausmaß der Naturzerstörung zu dokumentieren, sondern auch zu zeigen, wie wichtig der Erhalt der Biodiversität für die Menschen ist. Es geht dabei nicht einfach um den Schutz sympathischer oder auch seltsamer Tierarten, sondern um den Erhalt der Grundlagen der Reproduktion von Leben auf unserem Planeten. Die Bedeutung der Biodiversität sowie das Ausmaß der Zerstörung sind gut dokumentiert und kaum bestritten; und betrachtet man beispielsweise das große Bienensterben und die damit einhergehenden Ernteverluste aufgrund fehlender Bestäubung, dann erkennt auch die breite Öffentlichkeit, zu welch fatalen Konsequenzen der Verlust von Biodiversität und Ökosystemen führen kann. Und doch: Auch 2015, 23 Jahre nach dem Erdgipfel in Rio, hat sich nach Angaben der Global Biodiversity Outlooks die Lage der gefährdeten Arten in keiner Weise verbessert.

3

Business as usual in der agroindustriellen Landwirtschaft

Der Blick auf die globale Landwirtschaft hat sich im letzten Jahrzehnt radikal verändert. Noch bis in die 1990er-Jahre wuchs die Produktion stärker als die Nachfrage. Die Preise für Agrarprodukte waren konstant niedrig und der Anreiz für private Investitionen in den Sektor entsprechend schwach. Trotz riesiger Subventionen der Industrieländer führte die Agrarpolitik insgesamt ein Mauerblümchendasein. Das damals größte Problem war, wie mit den staatlich subventionierten Überproduktionen – den Milchseen und Butterbergen in den USA und der EU – umzugehen sei. Ein Ausweg war der billige Export in Entwicklungsländer. Dort wurden (und werden) durch die Praxis billiger Exporte bis heute (zum Beispiel mit billigen Hühnerresten) lokale Preise und landwirtschaftliche Strukturen zerstört.

Heute steht die Landwirtschaft im Mittelpunkt wirtschaftlicher und politischer Interessen: Land und Boden sind so begehrt und knapp und teuer wie nie. Die Preise sind für landwirtschaftliche Produkte seit der Jahrtausendwende drastisch gestiegen. Der Grund: Die Nachfrage wächst heute schneller als die Produktion. Bis zum Jahr 2050 müssen neun bis zehn Milliarden Menschen ernährt werden. Vor allem will die wachsende Nachfrage der globalen Mittelklassen nach tierischen Proteinen aus Fleisch und Milch bedient werden. Zudem wächst die Nachfrage nach Biomasse zur Energieerzeugung und als alternativer Rohstoff und Ersatz für Erdöl zum Beispiel für die Chemieproduktion.

Doch die Ausweitung der landwirtschaftlichen Produktion stößt an die Grenze der vorhandenen natürlichen Produktionsfaktoren: Boden und Land sind nun einmal äußerst begrenzte Ressourcen. Die Erde hat 13,4 Milliarden Hektar Landoberfläche. Davon sind fünf Milliarden Hektar Agrarflächen, wiederum 1,45 Milliarden Hektar sind Ackerland und 3,55 Milliarden Weideland.[27] Ackerflächen und Weideland werden seit den 1980er-Jahren in Schwellen- und Entwicklungsländern (dort eher tropische Zonen) massiv ausgeweitet. Der International Resource Panel des UNEP schätzt, dass unter Bedingungen des Business as usual bis 2050 zwischen 320 und 849 Millionen Hektar Natur in Anbaufläche umgewandelt werden müssen.[28] Nach einem Bericht der UN-Entwicklungsorganisation UNDP ist – bei unverändert zunehmender Nutzung des Landes – schon 2020 die Grenze einer ökologisch noch tragfähigen Beanspruchung erreicht. Wenn wir so weitermachen wie bisher und Landfläche in Ackerland umwandeln – so der UNEP Resource Panel –, werden wir spätestens 2050 »the safe operating space« überschritten haben.

Gleichzeitig nimmt trotz massiven Einsatzes von Dünger und Pestiziden das Produktionswachstum pro Hektar in vielen Regionen der Welt seit Jahren ab. In den 1980er-Jahren ging man von einer durchschnittlichen Produktionssteigerung pro Hektar von drei Prozent aus. Heute liegt sie im weltweiten Durchschnitt noch bei etwas über einem Prozent. Das industrialisierte Agrarmodell realisiert zum einen seine ökonomischen Versprechen immer weniger und hinterlässt zum anderen tiefe ökologische und soziale Folgen. Natürliche Ökosysteme wie Primärwälder, Savannen und Feuchtgebiete verschwinden; sie werden in Äcker und Plantagen umgewandelt. Dabei wird der im Boden über Jahrtausende gebundene Kohlenstoff als CO_2 in die Atmosphäre entlassen. Hinzu kommt, dass durch unsachgemäße Stickstoffdüngung Lachgas entsteht, ein Gas, das 365-mal so klimaschädlich ist wie CO_2. Aber auch durch die intensive Haltung von Wiederkäuern und durch den Nassreisanbau entsteht eine sich vergrößernde Quelle an Treibhausgasen. Rund 84 Prozent der globalen N_2O- (Distickstoffmonoxid-) und 52 Prozent der globalen CH_4-Emissionen (Methan) stammen aus der Landwirtschaft.[29]

Aber der Biodiversitätsverlust und der Ausstoß klimaschädlicher Gase sind nicht alles: Die intensivierte Landwirtschaft mit ihrem Dünger- und Pestizideinsatz verschmutzt Gewässer und verseucht Böden. Bodendegradation und der Verlust fruchtbarer Böden durch falsche Bodenbearbeitung sind heute ein schwerwiegendes Problem. Jährlich gehen 24 Millionen Tonnen fruchtbaren Bodens verloren, was die schon bestehende Knappheit fruchtbaren Landes in vielen Regionen noch verschärft.[30] Doch statt in Bodenfruchtbarkeit zu investieren und ökologisch angepasste Bearbeitungsmethoden zu wählen, wird vielerorts die Bodenstruktur durch den massiven Einsatz von Stickstoff zerstört und durch falsche Anbauweisen der Wind- und Wassererosion Tür und Tor geöffnet.

Es bedarf mehrerer Tausend Jahre, damit ein paar Zentimeter Boden entstehen, aber es braucht nur einen besonders starken Regen von ein paar Minuten, um sie wieder zu verlieren. Da fruchtbares Land schon heute knapp ist, stellt sich die Frage, wofür, für wen und wie produziert wird, umso mehr: für eine gesunde und ausgewogene Ernährung für alle sieben Milliarden Menschen oder vornehmlich für Futtermittel oder Biomasse, um Fleisch, Energie und Treibstoffe zu gewinnen, mit denen die Konsumwünsche der globalen Mittelklassen bedient sowie die Gewinne und die Macht der Agrarmultis gesteigert werden?

Das vom UNEP eingesetzte Expertengremium hat berechnet, wie viel Ackerland wir nutzen dürften, wenn fair geteilt würde. Die Antwort lautet: 0,2 Hektar pro Person und Jahr – das ist weniger als ein Drittel eines Fußballfeldes und weniger als ein Sechstel dessen, was jeder Europäer derzeit verbraucht.

Bleibt es beim aktuellen Nachfragetrend, wird der Fleischkonsum von heute 300 Millionen Tonnen auf 450 Millionen Tonnen im Jahr 2050 wachsen. Heute werden auf 33 Prozent der weltweiten Ackerbauflächen Futtermittel angebaut. Und würde jede Person so viel Fleisch verzehren wie ein durchschnittlicher Europäer oder eine durchschnittliche Europäerin, so müssten gar 80 Prozent des weltweit verfügbaren Ackerlandes ausschließlich für die Fleischproduktion genutzt werden.

Wenn das primäre Ziel der landwirtschaftlichen Produktion die Ernährungssicherung ist und wir Millionen Menschen vom Hunger befreien wollen, dann müssten wir zuallererst diesen Trend stoppen und umkehren. Die Nutzung von Ackerprodukten wie Mais oder Soja zur industriellen Tierproduktion ist zudem höchst ineffizient. Denn je nach Tier schwankt die Umwandlungsrate von pflanzlichen in tierische Kalorien zwischen 2:1 bei Geflügel, 3:1 bei Schweinen und 7:1 bei Rindern. Fruchtbares Land für den Anbau von Futterpflanzen in der jetzigen Dimension ist reine Vergeudung.

Doch der Anbau von Futtermitteln für die Fleischproduktion und Pflanzen für Agrotreibstoffe nimmt nicht nur riesige Flächen in der Heimat, sondern auch im weit entfernten Ausland in Beschlag. Europa ist der Kontinent, der am stärksten von Land außerhalb seiner Grenzen lebt. So importiert Europa für seine intensive Tierproduktion etwa 35 Millionen Tonnen Soja pro Jahr. Diese Menge, in Fläche umgerechnet, bedeutet, dass Europa quasi zwischen 15 und 17 Millionen Hektar »importiert«. Das entspricht in etwa der landwirtschaftlichen Fläche Deutschlands. Insgesamt aber importiert die Europäische Union Agrarprodukte, die auf Ackerflächen außerhalb der EU liegen, in einer Größenordnung von circa 30 Millionen Hektar.

Das Resultat ist, dass der Wettbewerb um Agrarflächen global zunimmt. Eine Folge davon: Kleinbäuerinnen und Kleinbauern geraten ins Hintertreffen, und die Ernährungssicherheit der Ärmsten der Armen ist gefährdet.

Land – eine umkämpfte Ressource

Der Wettbewerb um Agrarflächen erhöht also die Kosten für das Land und führt zum sogenannten Landgrabbing, was wiederum zur Vertreibung von Kleinbauern, Nomaden etc. führt. Schätzungen gehen davon aus, dass zwischen 2000 und 2010 etwa 200 Millionen Hektar Land den Eigentümer wechselten – fünfmal mehr als die Fläche Deutschlands.[31] Investoren umkämpfen das Land, das eigentlich von mehr als 500 Millionen Kleinbäuerinnen und -bauern, Pastoralisten und indigenen Bevölkerungsgruppen genutzt wird. Vertrieben und verstoßen, werden sie gezwungen, auf schlechteres Land auszuweichen, oder sie ziehen völlig mittellos in die Stadt, ohne Perspektiven oder Kompensationen. Nutzungskonflikte verstärken zudem lokale Machtdifferenzen innerhalb gesellschaftlicher oder ethnischer Gruppen, sie werden häufig mit Gewalt ausgetragen. Wegen fehlender Landtitel und schwacher demokratischer Strukturen haben viele Betroffene kaum Mittel und Zugänge, ihre Rechte zu verteidigen. Sie sind in den meisten Ländern wenig oder gar nicht politisch organisiert. Neofeudale Strukturen, Abhängigkeit von Krediten, Repression und Einschüchterungen verstärken ihre Ohnmacht.

Wer hat Zugang zu Land oder nicht? Die Antwort auf diese Frage ist ein sicherer Indikator für Hunger. Was die meisten Menschen nicht wissen: Land ist noch ungleicher verteilt als Einkommen. Für 50 Länder liegen vergleichbare Daten vor. Lediglich in einem dieser Länder, nämlich der Elfenbeinküste, sind Land und Einkommen in gleichem Maß ungleich verteilt. In allen anderen Ländern ist die Verteilung von Land ungleicher als das Einkommen. In Ländern, in denen nur noch weniger als zwei Prozent der Bevölkerung von der Landwirtschaft leben, wie zum Beispiel in Deutschland, ist das kein Problem, da es alternative Einkommensquellen gibt. In vielen asiatischen und afrikanischen Ländern, in denen häufig weit mehr als 50 Prozent der Bevölkerung von der Landwirtschaft leben und es kaum soziale Sicherungssysteme gibt, ist der fehlende Zugang zu Land ein Garant für Hunger und Armut. Rund 50 Prozent der Haushalte, die hungern, sind kleinbäuerliche Familien. Rund 20 Prozent der Haushalte, in denen Hunger herrscht, sind landlos.

Die immer stärkere Konkurrenz zwischen der Produktion von Nahrungsmitteln, Futtermitteln und Pflanzen zur Energieproduktion ist in vollem Gange. Der Trend wird sich mit dem neuen Wachstumsversprechen der Grünen Ökonomie noch verschärfen: Fossile Energieträger wie Erdöl sollen ersetzt werden durch nachwachsende Rohstoffe. Alleine die EU bräuchte weitere 70 Millionen Hektar Land, wenn die Anteile der Bioenergie gemäß ihrem verabschiedeten Klima- und Energierahmen 2030 erfüllt werden sollen. Das entspräche einer

Fläche, die größer ist als die von Frankreich. Das Klima wird durch Biokraftstoffe allerdings nicht wirklich entlastet: Die »geerntete« Energie pro Quadratmeter liegt im Jahresdurchschnitt bei einem Zehntel derjenigen von Wind- oder Solaranlagen.

Die Macht der Agrarlobby

Die zunehmende Nachfrage nach jeder Form von Biomasse geht mit einer enormen ökonomischen Machtkonzentration einher. So sind es weltweit nur wenige Konzerne, die den Agrarsektor und die Nahrungsmittelindustrie beherrschen. In der Nahrungsmittelproduktion, bei der Verarbeitung und vor allem im globalen Handel bauen Konzerne ihre Marktmacht immer weiter aus. Insbesondere die in den Händen weniger Firmen liegende Kontrolle über zentrale Produktionsfaktoren – Zugang zu Land, Saatgut, Pestiziden und Düngemitteln – verschärfen sie rücksichtslos. Dazu kommt die juristische Kontrolle über Landtitel, Wasser und geistiges Eigentum wie beim Saatgut. So kommt es, dass nur drei Konzerne mehr als 50 Prozent des kommerziellen Saatgutmarkts kontrollieren: Syngenta, Monsanto und DuPont Pioneer.[32] Eine einzige Firma, Monsanto, kontrolliert 41 Prozent des Saatgutes für kommerziellen Mais, ein Viertel des globalen Saatgutes für Soja und beliefert 88 Prozent der globalen Anbaufläche mit Saatgut, das genetisch verändert ist. Nur zehn Unternehmen teilen sich 90 Prozent des globalen Pestizidmarktes.[33] Sich diese Marktmacht auf Dauer zu sichern ist Ziel der mächtigen Saatgut-, Düngemittel- und Pestizid-Lobby. Patentierung und der Zugriff auf sogenanntes »geistiges Eigentum« gehören zum festen Bestandteil von Wirtschaftsverhandlungen und unzähligen bilateralen Handelsabkommen zwischen Industrie-, Schwellen- und Entwicklungsländern.

Gewachsen sind auch der Umsatz und die Marktmacht von Unternehmen. So ist der Umsatz des US-amerikanischen Einzelhandelskonzerns Walmart im Jahr 2013 mit 476 Milliarden US-Dollar größer als das Bruttoinlandsprodukt der Philippinen, eines Landes mit 100 Millionen Einwohnern (kaufkraftbereinigt).

Mit ihren Oligopolen und Monopolen – ähnlich wie im Energiesektor – agieren die Multis als Lobby erfolgreich im politischen Raum, verschaffen sich Gehör und dominieren mit ihren Interessen die nationalen Agrarpolitiken, die EU-Agrarpolitik und die Politik der betreffenden internationalen Organisationen.

Abkehr vom BAU in der Landwirtschaft ist möglich

Die Politik muss die Frage beantworten: Wie können diejenigen, die heute unter Armut und Hunger leiden, so gestärkt werden, dass sie ausreichend Nahrung produzieren können, um der Hunger- und Armutsfalle zu entkommen? Und zwar langfristig und unter Einbeziehung der negativen Auswirkungen des Klimawandels? Wie können wir die Marktmacht weniger Agrarmultis begrenzen und wie endlich agrarökologische Produktionsweisen ernsthaft fördern? Und wie können Konsumstrukturen – vor allem die Fleischproduktion – verändert werden? Weder von den europäischen noch von vielen afrikanischen, asiatischen oder lateinamerikanischen Regierungen hört man darauf Antworten. Eine Abkehr vom »Business as usual« in der globalen Agrarpolitik ist angesichts der Knappheit von Land sowie der ökologischen und sozialen Folgen des industriellen Agrarmodells überfällig. Information und Aufklärung über die globalen Folgen des Fleischkonsums sind die Voraussetzung für ein anderes ethisches und nachhaltiges Konsumverhalten.

Es gibt gute Beispiele und viele Ansätze, wie eine gerechtere und nachhaltige Landwirtschaft aussehen könnte. Ein Beispiel ist die Agrarökologie, die auf dem Erfahrungsschatz und dem traditionellen Wissen von Kleinbauern und Kleinbäuerinnen beruht. Es ist kein Ansatz des »One size fits all«, sondern akzeptiert, dass agrarökologische Systeme lokal unterschiedlich und komplex sind.

Vielfalt auf dem Feld, Recycling und Bodenbedeckung kann einen lebendigen, fruchtbaren und aktiven Boden stimulieren, der auch in der Lage ist, ein optimales Wassermanagement sicherzustellen. Eine Studie von Jules Pretty aus dem Jahr 2006 zu agrarökologischen

Anbaumethoden hat 286 ökologisch nachhaltige Agrarprojekte in 57 Ländern untersucht und im Schnitt eine Steigerung der Ernteerträge um 79 Prozent festgestellt.[34]

Auch der sogenannte Weltagrarbericht (IAASTD) von 2009 hat die Bedeutung einer agrarökologischen Landwirtschaft hervorgehoben. Die Unterstützung der über 500 Millionen Kleinbäuerinnen und Kleinbauern wird im Bericht als *die* zentrale Aufgabe der Zukunft betrachtet, wenn Hunger und Armut der Vergangenheit angehören sollen.[35]

Jedenfalls sprengt unsere Art und Weise, zu produzieren und zu konsumieren, die ökologischen Grenzen unseres Planeten. Wir brauchen daher einen grundlegenden Wandel – hin zu einer zukunftsfähigen und gerechten Landwirtschaft.

4

Die Welt, wie wir sie kennen: Ungleichheit, Armut, Hunger

Die ökologische Krise ist nicht von den sozialen Bedingungen der Gegenwart zu trennen. Sie vollzieht sich in einer Welt von Ungleichheiten, in der extreme Armut das Leben von Millionen Menschen prägt. Und keineswegs ist die Welt dabei, diese Ungleichheiten zu überwinden: Im Zeitraum von 1980 bis 2002, also während der neoliberalen Expansionsphase des Kapitalismus, hat vor allem die Ungleichheit *zwischen* den Ländern einen neuen Höhepunkt erreicht, das stellt selbst die Weltbank fest.[36]

Mit dem Blick auf die heutige Welt kann man feststellen: Die rund 20 Prozent der Eliten und Mittelklassen auf der Welt können gut leben, konsumieren und produzieren, weil sie es auf Kosten der Natur und der Armen und Ärmsten tun. Wie gesagt: Diese reiche Schicht ist mittlerweile auch in der südlichen Hemisphäre zu Hause, in Ländern, die vor wenigen Jahrzehnten als gänzlich arm galten wie beispielsweise Indien und China. Doch ob im Norden oder im Süden – wir wälzen gemeinsam die Folgen dieses Konsum- und Produktionsmodells ab: auf die Ärmsten und die folgenden Generationen. Dies geschieht – nur um hier noch einmal ein Beispiel zu nennen –, indem wir in Argentinien und Brasilien für den global wachsenden Fleischkonsum bzw. den Futtermittelanbau Landflächen im großen Stil okkupieren, dort Bäuerinnen und Bauern vertreiben und die Umwelt zerstören. Unsere Lebensweise ist also mit enormen sozialen und ökologischen Konsequenzen verbunden, die andere zu tragen haben. »Imperiale Lebensweise« haben dies daher einige Wissenschaftler genannt.[37]

Ökologie ist eine Gerechtigkeitsfrage ersten Ranges: Es geht dabei erstens um die gleichen Lebenschancen künftiger Generationen, also um Generationengerechtigkeit. Zweitens hat der notwendige Umbau der Industriegesellschaft, die sogenannte Große Transformation, eine immense inner- und zwischengesellschaftliche Gerechtigkeitsdimension: Wie gestalten sich die Energiepreise, die Kosten für Mobilität? Wen schließen die verschiedenen Umbauszenarien aus? Verschärfen sie Ungleichheit? Drittens geht es um einen gerechten Ausgleich zwischen dem hochindustrialisierten Norden, der bisher den Löwenanteil natürlicher Ressourcen konsumiert und den Löwenanteil an Emissionen produziert hat, und den Schwellen- und Entwicklungsländern, die am stärksten vom Klimawandel und von anderen ökologischen Krisen betroffen sind. Von diesen Konflikten zeugen unter anderem die multilateralen Klimaverhandlungen.

Das alles sind politische Fragen, die eng mit Macht- und Interessenspolitiken innerhalb und zwischen Ländern sowie mit demokratischen Fragen wie der der Teilhabe, der Transparenz und der Geschlechtergerechtigkeit verknüpft sind. Wem gehören Ressourcen, wer bestimmt über deren Zugang, und wer profitiert von und wem nutzt nachhaltige Entwicklung? Das sind Kernfragen der Gegenwart und der Zukunft.

Das größte Problem – es hat sich ebenfalls in den letzten drei Dekaden verschärft – ist indes die Ungleichheit innerhalb von Gesellschaften. »Sieben von zehn Menschen leben in Ländern, in denen heute die Kluft zwischen Arm und Reich größer ist als vor 30 Jahren«, so die Organisation Oxfam in einem umfangreichen Report zur globalen Ungleichheit.[38] Waren es im Jahr 2010 noch 388 Personen, die auf sich denselben Reichtum vereinigten wie die ärmsten 50 Prozent der Weltbevölkerung (3,5 Milliarden Menschen), sind es im Jahr 2014 nur noch 80! Laut der Oxfam-Studie hat sich der Reichtum der reichsten 80 Menschen im Zeitraum von 2009 bis 2014 verdoppelt. Im Jahr 2016 wird voraussichtlich das reichste Prozent der Weltbevölkerung die eine Hälfte des Privatvermögens besitzen, die restlichen 99 Prozent müssen sich die andere Hälfte teilen. Dann besitzen also ein Prozent der Menschen genauso viel wie der Rest der Menschheit.

Landwirtschaft im Überblick

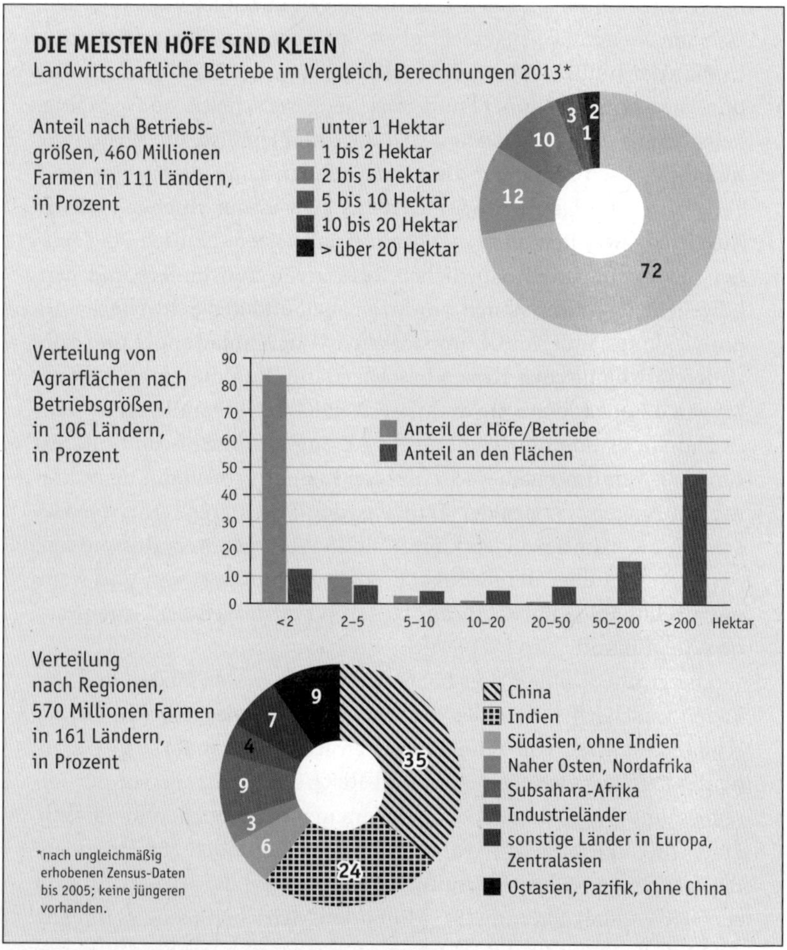

Die meisten landwirtschaftlichen Betriebe in der Welt sind sehr klein. Und doch erhalten sie die geringste Unterstützung von ihren Regierungen. Dabei könnten sie einen größeren Anteil bei der Ernährungssicherheit leisten. Stattdessen kommt fruchtbares Land immer öfter infolge von »Land Grabbing« in die Hand agroindustrieller Konzerne. Doch der Widerstand dagegen wächst.
Quelle: Soilatlas 2015

Es sind gerade Schwellenländer, in denen die Einkommens- und Vermögensunterschiede besonders hoch sind: Brasilien, Indien, Indonesien, Südafrika, Russland und die Türkei.[39]

Ungleichheit hat viele Dimensionen, sie beschränkt sich nicht auf Einkommens- und Eigentumsverhältnisse. Auch der Zugang zu Ressourcen ist extrem ungleich. Nochmals am Zugang zu Land aufgezeigt: Das Gros aller landwirtschaftlichen Betriebe weltweit, nämlich 72 Prozent, bewirtschaftet weniger als ein Hektar Land, und nur zwei Prozent der Betriebe bewirtschaften mehr als 20 Hektar.[40] Dennoch bewirtschaften diese zwei Prozent mehr als 60 Prozent aller landwirtschaftlichen Flächen weltweit. Rund 1,3 Hektar braucht ein durchschnittlicher Europäer im Jahr für die Produktion der von ihm konsumierten Produkte. Das ist rund sechsmal mehr, als einem Menschen in Bangladesch zur Verfügung steht. Fast 60 Prozent der für den europäischen Konsum genutzten Flächen liegen zudem außerhalb der EU.

Landgrabbing ist nur die sichtbarste Form dieser Aneignung. Die extreme Ungleichheit beim Zugang zu Land und Ressourcen ist eine fundamentale Dimension für alle Wachstumsdebatten: Muss für die einen ein ausreichender Zugang noch gesichert werden, ist für andere die Frage entscheidend, wie ein gutes Leben mit weniger Zugriff auf Ressourcen möglich ist.

Aber unsere Welt wird nicht nur durch Ungleichheiten, sondern auch immer noch durch bittere Armut und Hunger geprägt. Weltweit hungert fast jeder siebte Mensch. Das sind fast eine Milliarde Menschen, eine weitere Milliarde ist fehl- und unterernährt. Drei Viertel der Hungernden leben auf dem Land, Frauen stellen mit mehr als 60 Prozent das Gros dieser Menschen. Anteilig an der Bevölkerung hungern die meisten Menschen auf dem afrikanischen Kontinent.

Auch in Ländern wie Indien und China hungert noch immer ein nennenswerter Teil der Bevölkerung. Nach Angaben des Welt-Hunger-Index sind in China 22,9 Prozent der Bevölkerung unterernährt, in Indien gar 25,5 Prozent.[41] Gleichzeitig gilt weltweit: Menschen, die hungern, werden in ihren Gesellschaften sozial und politisch an den Rand gedrängt.

Es ist eine Binsenweisheit, dass Wirtschaftswachstum per se kein Garant ist, um Hunger, Armut und Ungleichheit verschwinden zu lassen. Dafür müssen Machtstrukturen geändert und Umverteilung organisiert werden, damit eine Teilhabe der Bevölkerung am wirtschaftlichen Wachstum möglich wird. Produktivitätssteigerungen allein und vor allem die Maßnahmen dafür wie Hightech in der Landwirtschaft, kommerzielles Saatgut, noch mehr chemischer Dünger usw. haben nicht erreicht, den Hunger auf der Welt zu beseitigen.

Dass es so viele Arme auf dem Land und vor allem Frauen trifft, liegt am fehlenden Zugang zu ausreichenden Ressourcen wie Land, Wasser und Dünger, um genügend Nahrung für sich zu produzieren, aber auch am Mangel an Geld, um sich ausreichend Nahrung zu kaufen. Fehlende Landtitel und damit sichere Eigentums-, Nutzungs- und Verfügungsrechte stellen ein großes Problem in den meisten Entwicklungsländern dar. Machtunterschiede und Eigentumsrechte zwischen den Geschlechtern sind ein zentraler Faktor dafür, warum Frauen das Gros der Hungernden stellen. Sie sind vom Erbrecht häufig ausgeschlossen.

Oft wird die Ungleichheit ignoriert und der Blick auf eine andere Dynamik gelenkt: das Wachstum der Weltbevölkerung. Mit dem Wort »Bevölkerungsexplosion« und der Zahl neun Milliarden – der geschätzten Bevölkerung im Jahre 2050 – ist schnell ein Schreckensszenarium an die Wand gemalt. Aber die genannte Zahl von Menschen ist nicht das Problem, sondern der Pro-Kopf-Verbrauch von Ressourcen durch die Reichen und die Mittelschichten weltweit. Nebenbei geht die Mehrheit der Prognosen davon aus, dass ab 2050 die Zahl der Menschen auf der Welt sich stabilisiert oder sogar abnimmt. In vielen Regionen der Welt ist jetzt schon viel eher der Rückgang der Bevölkerungszahl ein Problem als deren Zunahme.[42] Laut einem der möglichen Szenarien, das die Bevölkerungsabteilung des UN Department of Economic and Social Affairs (UNDESA) erarbeitet hat, könnte die Weltbevölkerung um das Jahr 2050 ihren Höchststand erreichen und von dort an erst langsam, dann immer schneller abnehmen.[43]

Über die ökologischen Grenzen zu sprechen, ohne die soziale Dimension einzubeziehen, führt also in die Irre. Die Ökonomin Kate

Der Donut sozialer und planetarischer Grenzen

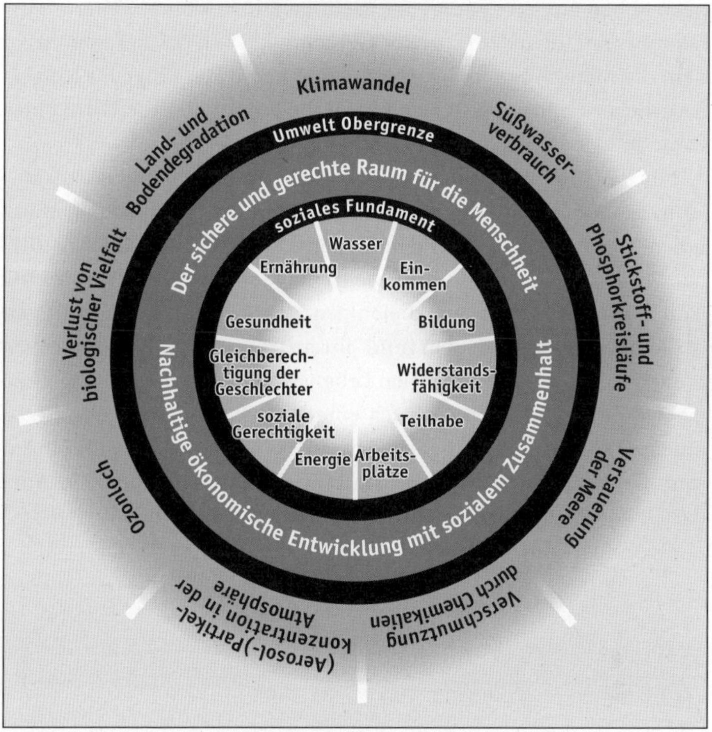

Das Bruttoinlandsprodukt als Wohlstandsindikator entspricht nicht den komplexen gesellschaftlichen und ökologischen Herausforderungen des 21. Jahrhunderts. Die Ökonomin Kate Raworth von der Oxford University hat ein Konzept entwickelt, das die ökologischen Grenzen unseres Planeten und die Menschenrechte zusammen denkt: Sie betrachtet die Welt durch einen »Donut«. Der äußere Rand des Donuts wird bestimmt durch die ökologischen Grenzen unseres Planeten, der innere Rand wird definiert durch soziale Gerechtigkeitsstandards, die eingehalten werden müssen. In einem Wirtschaftssystem, das diese Grenzen respektiert, darf nicht nur der Kreislauf von Geld und Waren betrachtet werden, sondern es müssen auch die Umwelt, unbezahlte Sorgearbeit und soziale Ungerechtigkeiten als integrale Bestandteile wahrgenommen werden.

Quelle: bpb und Kate Raworth, »A safe and just space for humanity: Can we live within the doughnut?« discussion paper, Oxfam, Oxford, auf Grundlage von Rockström et al. (2009), »A safe operating space for humanity«, Nature, No. 461, 2012, S. 472–475

Raworth von der Oxford University hat daher den Ansatz der »Planetarischen Grenzen« um eine wichtige Dimension erweitert: nämlich um die Dimension sozialer Gerechtigkeit. Der sichere Raum, in dem die Menschheit in Frieden und Gerechtigkeit unter Einhaltung natürlicher Grenzen überleben kann, bekommt hier die Form eines Donuts.[44]

Für Raworth geht es darum, Politiken so zu gestalten, dass sie diejenigen, die ins Loch des Donuts fallen, aus der Armutsfalle herausholen, indem man ihnen mehr Zugang und Kontrolle über natürliche Ressourcen gibt und ihre Menschenrechte sichert. Gleichzeitig jedoch geht es auch darum, diejenigen, die uns mit ihrem gewaltigen ökologischen Fußabdruck (und ihrem immensen Ressourcenverbrauch aufgrund der imperialen Lebensweise) über die Außengrenze des Donuts katapultieren, durch eine Umverteilung in die Mitte zu holen. Dass dies nur mit einer Abkehr vom Wachstumswahn insgesamt denkbar ist, ist für Raworth eine Selbstverständlichkeit. Aber darauf kommen wir zu einem späteren Zeitpunkt zurück.

5

Die Grüne Ökonomie als Ausweg aus der globalen Krise?

Ein »Weiter wie bisher« – ein »Business as usual« – ist keine wirkliche Option, das wird selbst vom internationalen Mainstream aus Weltbank, UNEP und OECD anerkannt, was wiederum die Karriere der Grünen Ökonomie (»Green Economy«) begünstigte. Raus aus dem »Weiter so« ist die Voraussetzung für alle konzeptionellen und praktischen Ansätze der Grünen Ökonomie.

Wie der Ausstieg aus einem »Business as usual« aussehen soll, ist umstritten. Denn was unter einer Grünen Ökonomie zu verstehen ist, ist nicht – und schon gar nicht völkerrechtlich – definiert und damit offen für unterschiedliche bis widersprüchliche Interpretationen. Die ursprüngliche Idee einer »Grünen Ökonomie« ist eher schwammig. Gleichwohl hat sich um den Begriff inzwischen eine Diskursstruktur aufgebaut und verfestigt, die Wirkung zeigt.

Bis zum Jahr 2008 wurde der Begriff wenig gebraucht, und wenn doch, dann eher im Umkreis grüner Bewegungen und Parteien. So hatte bereits 1999 die Ökonomieprofessorin und heutige Europaabgeordnete der britischen Green Party, Molly Scott Cato, ein Buch unter dem Titel *Green Economics* veröffentlicht. Für Cato sind Grüne Ökonomien »untrennbar mit sozialer Gerechtigkeit verbunden. […] Green Economics stammt von Umweltaktivisten und grünen Politikern, weil sie eine Notwendigkeit dafür sahen. Es ist von unten gewachsen und kommt von denen, die in der Praxis und weniger in der Theorie eine nachhaltige Ökonomie aufbauen.«[45]

Aber bald entfernte sich das Konzept von solch basisbewegten Ursprüngen. Populär wird zunächst der Begriff »Green New Deal« im Kontext der Finanz- und Wirtschaftskrise ab 2008. Grünes Wachstum sollte eine Antwort sowohl auf die ökonomische Krise wie auf die globalen Umweltherausforderungen liefern. Im Jahr 2009 lancierte das Umweltprogramm der UN, UNEP, die Initiative für einen »Global Green New Deal«. Achim Steiner, der Exekutivdirektor von UNEP, wird zu einem eloquenten und engagierten Fürsprecher des Konzepts. Im selben Jahr bekannte sich US-Präsident Barack Obama zu einem »Green New Deal«, und in Deutschland schaffte es dieser Begriff in das Wahlprogramm von Bündnis 90/Die Grünen. Die Idee vom »Green New Deal« beruft sich auf historische Erfahrungen in den USA aus den 30er- und 40er-Jahren des vorigen Jahrhunderts und damit auf eine neo-keynesianische Tradition, die in der Steigerung der – zur Not auch mit Schulden finanzierten – Regierungsausgaben eine adäquate Antwort auf Wirtschaftskrisen sieht. Damit gingen Vorschläge für ein »Ergrünen« der Ökonomie und das Festhalten an der zentralen Bedeutung des Wirtschaftswachstums eine Ehe ein, die sich als dauerhaft erweisen sollte.

Im Vor- und Umfeld der Rio+20-Konferenz im Jahr 2012 entwickelten dann drei wichtige Akteure »Green Economy«-Konzepte: UNEP, Weltbank und OECD. Grüne Ökonomie ist also weniger als neuer wirtschaftstheoretischer Ansatz entwickelt worden, sondern eher als Versuch, globale Umweltpolitik zwanzig Jahre nach der Rio-Konferenz 1992 neu zu fundieren.

Die Suche nach einem neuen Leitbild war sicherlich durch die allgemeine Wahrnehmung begünstigt worden, dass der Begriff »nachhaltige Entwicklung« weitgehend inhaltsleer und verbraucht wirkte. Der Begriff »Entwicklung« lenkte zudem die Aufmerksamkeit stark auf die sogenannten »Entwicklungsländer«. Der neue Begriff Grüne Ökonomie sollte endlich alle Länder in ihrer Verantwortung ansprechen. Auch hatte sich die Rolle der Ökonomie in der Wahrnehmung vieler Akteure verändert. Der Stern-Review galt und gilt vielen als fast kopernikanische Wende in der Klimafrage. Der ehemalige Chefökonom der Weltbank, Sir Nicolas Stern, hatte 2006 im Auftrag der britischen Regierung eine Studie veröffentlicht, die zeigen sollte, dass eine entschlossene und rasche Klimapolitik auch ökonomisch Sinn ergäbe, denn gerade das Nichthandeln würde teurer werden. Diese ökonomische Betrachtung des Klimawandels sollte einen immensen Beitrag zum Mainstreaming der Klimapolitik leisten. Tatsächlich schaffte diese den Sprung aus der Umweltecke in das Herz der Ökonomie. Gleichzeitig ermöglichte Sterns Analyse auch die Betrachtung, dass Umweltpolitik eine Chance für neue Investitionen sein könnte – Investitionen, die mehr Kosten einsparen als sie verursachen würden.

Dies ist im Grunde die entscheidende konzeptionelle Neuerung, die in der Grünen Ökonomie zu einem umfassenderen Ansatz ausgebaut wurde und wird: Die ökonomische Rationalität spricht nicht mehr gegen Umwelt- und Klimapolitik, nein, sie begünstigt sie. Das ist kein kleines Versprechen.

Mit dem Ansatz, Natur in ökonomische Betrachtungen einzubeziehen, wird eine weitere theoriegeschichtliche Quelle der Grünen Ökonomie deutlich. Die Kritik an der Nichtbeachtung der Natur durch die Ökonomie war geradezu ein Leitmotiv der »Ecological Economics«, also der Kritik an der klassischen Ökonomie durch eine Generation von ökologisch orientierten Ökonomen, deren bekannteste Vertreter wohl Herman Daly und Robert Costanza sind. Die ökologische Kritik warf der klassischen Ökonomie vor, Umwelt und Natur primär als externe Faktoren wahrzunehmen und daher systematisch zu vernachlässigen. Die Forderung nach Internalisierung externer Faktoren – etwa durch eine »Ökosteuer« – wurde zu einer der zentralen Bezugspunkte im Verhältnis von Umweltpolitik und Ökonomie.

Verschiedene internationale Initiativen, insbesondere die Weltbank, griffen einige Grundgedanken dieser »Ökologischen Ökonomie« auf, systematisierten und aktualisierten sie. Die Einbeziehung der Natur in die Ökonomie wird in diesem Kontext zu einer Schlüsselfrage. Damit Natur und Ökonomie miteinander kommunizieren können, muss aber die Natur in einer Weise erfasst werden, die für die Ökonomie verständlich ist. Das heißt, Natur muss quantifiziert und, wenn möglich, in monetäre Werte gefasst werden. Deshalb ist die Frage des Quantifizierens und Messens von »Naturkapital« eine entscheidende Baustelle der Grünen Ökonomie, auf die wir noch ausführlich eingehen werden.

Für das Verständnis der Grünen Ökonomie ist aber noch eine andere Entwicklung der letzten Jahrzehnte wichtig. Der zähe Verhandlungsprozess insbesondere im Rahmen der Klimakonvention hat dazu beigetragen, dass die Hoffnung auf ein internationales Klimaregime, das global akzeptierte und ambitionierte Grenzwerte für Klimagase festlegt, schwindet. Auch die zweite Konvention, die auf dem Erdgipfel 1992 verabschiedet wurde, die Konvention zum Schutz und Erhalt biologischer Vielfalt, enttäuscht. Mit ihr konnte der Großtrend der Zerstörung der biologischen Vielfalt nicht gestoppt werden, viele Beschlüsse werden nicht umgesetzt. Dieses Politikversagen stärkt Ideen, die eher auf ein Umsteuern durch ökonomische Anreize als auf Regulierungen setzen. Im UN-System werden seit längerem die Versuche verstärkt, den Business-Sektor einzubeziehen. Das prominenteste Beispiel ist der Global Compact, also die Initiative, die Unternehmen auf freiwilliger Basis unter anderem für die Einhaltung bestimmter Prinzipien der Menschenrechte und der Arbeitsnormen zu gewinnen versucht. Der Generalsekretär der Vereinten Nationen, Ban Ki-moon, fasst dies so zusammen: »In zunehmendem Maße betrachten wir Business nicht als Problem, sondern als den Ort, zu dem wir gehen müssen, wenn wir Lösungen finden wollen.«[46]

All diese Entwicklungen sind der Hintergrund, auf dem die Systematisierung in einen Green-Economy-Ansatz erfolgt. Oder wie Pavan Sukhdev es ausdrückt: »Ökonomie ist die Währung der Politik geworden.«[47] Die Welt der globalen Umweltpolitik sieht 2012 tatsächlich anders aus als 1992.

Vor diesem Hintergrund lancierten UNEP, Weltbank und OECD ihre Green-Economy-Konzepte. Insbesondere UNEP machte sich dafür stark, die Rio+20-Konferenz zu nutzen, eine Grüne Ökonomie als neues globales Leitbild zu etablieren, um das inzwischen zu stark zerfaserte Leitbild einer »nachhaltigen Entwicklung« zu ersetzen oder wenigstens zu ergänzen. Das ist nicht ganz gelungen, die

Grüne Ökonomie hat sich 2012 auf der Konferenz in Brasilien nicht zu einer globalen Love-Affair entwickelt; vielmehr stehen gerade Akteure aus dem Süden, von Regierungs- wie Nichtregierungsseite, der Grünen Ökonomie skeptisch bis ablehnend gegenüber.

Auch das sollte in der deutschen Debatte nicht übersehen werden: Grüne Ökonomie bzw. »Green Economy« ist für viele kritische Akteure zu einem negativ besetzten Begriff geworden. So enthält die Abschlusserklärung des zivilgesellschaftlichen Gegengipfels zur Rio+20-Konferenz eine explizite Zurückweisung dieses Konzepts. Das mag für alle, die an einem emphatischen Begriff von Grüner Ökonomie festhalten wollen, ärgerlich oder unverständlich sein, aber dennoch muss dies bedacht werden. Insbesondere der Ansatz, Natur als »Naturkapital« in ökonomische Berechnungen einzubeziehen, hat der Grünen Ökonomie den Vorwurf eingetragen, sie betreibe die »Merkantilisierung der Natur«. Akteure aus dem Süden haben ganz andere Konzepte in die Debatte eingebracht, wie etwa das in den Verfassungen von Bolivien und Ecuador verankerte »Recht auf gutes Leben« oder die Forderung, auch der Natur Rechte zuzugestehen. Spätestens seit Rio ist Grüne Ökonomie zu einem Streitfall geworden, zu einem umkämpften Begriff.

Die von UNEP, OECD und Weltbank vorgelegten Entwürfe sind komplex und unterscheiden sich in einigen Punkten. So betont UNEP besonders stark die Dimension der sozialen Gerechtigkeit. Aber dennoch sind allen Ansätzen einige Grundtendenzen gemeinsam. Die Botschaft ist: Grüne Ökonomie und Wachstum gehören zusammen; sie ist in Herz und DNA der Grünen Ökonomie eingeschrieben. Auch das Konzept von UNEP, das vielleicht den differenziertesten Ansatz der Grünen Ökonomie entwickelt hat, verspricht, dass dieses nicht nur Wachstum erzeuge, sondern sogar ein stärkeres Wachstum des BIP. Die Grüne Ökonomie könne zu einem »new engine of growth«[48] werden. Rachel Kyte, die Vizepräsidentin der Weltbank, ist kategorisch: »To talk about anything other than how to grow is a non-starter.«[49]

Solche Formulierungen machen auch klar, dass die Grüne Ökonomie weniger als theoretisches Konzept zu diskutieren ist, sondern

Grüne Ökonomie – eine Begriffsklärung

(Die folgende Definition stammt aus einer Publikation der Green Growth Knowledge Platform)

»Schon oft ist versucht worden, Grünes Wachstum und eine Grüne Ökonomie zu definieren. Jene Definitionen, die aktuell von internationalen Organisationen verwendet werden, ähneln sich jedoch in vielen Gesichtspunkten. Mit dem Begriff ›Grünes Wachstum‹ wird versucht, die wirtschaftlichen und ökologischen Aspekte der nachhaltigen Entwicklung zu einem einheitlichen Konzept und Planverfahren zu verschmelzen. Ziel ist, die Kernpunkte des Entwicklungsmodells auf eine Art neu zu fassen, die gleichzeitig Wachstum und nachhaltige Entwicklung zulässt [...], und Wachstum und Entwicklung auf eine Art zu fördern, die dafür sorgt, dass Naturgüter nachhaltig genutzt werden, damit sie dauerhaft jene Materialien und ökologischen Funktionen bereitstellen können, von denen Wachstum und Wohl abhängen [...]. Ein solches Wachstum muss natürliche Ressourcen effizient nutzen, Verschmutzung und Umweltschäden auf ein Mindestmaß begrenzen, und es muss so robust sein, dass es Elementargefahren widersteht [...]. Durch eine Grüne Wirtschaft soll das Wohlbefinden der Menschen gestärkt und größere soziale Gerechtigkeit erreicht werden, wobei gleichzeitig Umweltrisiken und ökologisch bedingter Mangel erheblich zurückgedrängt werden [...]. Das Konzept einer Grünen Wirtschaft ruht auf den Säulen Wirtschaft, Umwelt und soziale, nachhaltige Entwicklung. In dem weitergehenden Konzept eines ›inklusiven‹ Grünen Wachstums bzw. inklusiver nachhaltiger Entwicklung spielen Gesichtspunkte der sozialen Nachhaltigkeit eine wichtige Rolle, wobei es im Besonderen darum geht, Entwicklung zu unterstützen und die Lebensbedingungen armer und besonders gefährdeter Menschen zu verbessern.«[50] ■

eher als pragmatisch konzipierter Politikansatz. Die zentrale Stellung des Wachstumsversprechens unterscheidet das Konzept der Grünen Ökonomie von anderen Ansätzen, macht es abgrenzbar, insbesondere gegenüber allen Ansätzen, die Wachstum problematisieren. Die wichtigsten globalen Akteure der Debatte haben sich inzwischen zu einer »Green Growth Knowledge«-Plattform zusammengeschlossen: Hier sind OECD, UNEP, Weltbank und das neugegründete Global Green Growth Institute (Sitz in Südkorea) vereinigt. Auffällig ist, dass nun der Begriff »Green Growth« überhand gewinnt. Tatsächlich sind von Anfang an alle »Green Economy«-Konzepte aufs engste mit dem Festhalten an der besonderen Bedeutung von Wachstum verknüpft.[51] »Green Economy« und »Green Growth« sind zu einem Begriffspaar verschmolzen, das austauschbar geworden ist.

Das zweite konstituierende Element für das Konzept der Grünen Ökonomie ist die schon in der Begriffsfindung implizierte These, dass die entscheidende Herausforderung keine politische, sondern eine ökonomische sei. »Economics first« lautet die Botschaft, es komme darauf an, die Ökonomie »hinzubekommen«. Die durch den Stern-Report äußerst populär gewordene These, der Klimawandel sei das größte Marktversagen in der Geschichte, hat folgende Pointe: Wenn dem so ist, dann ist die entscheidende Herausforderung, dieses Marktversagen zu korrigieren und zwar mit mehr Markt. Damit geht der Horizont weit über eine effizientere, ressourcenschonende Wirtschaft hinaus. Die Herausforderung, Wirtschaft und Ökologie mit Wachstum zu versöhnen, erfordert eine weitgehende, systemische Transformation. »To get the economies right« ist keine banale Aufgabe. Dabei hat die ökonomische Erfassung von Natur als Naturkapital einen fundamentalen Stellenwert. Gerade dies ist aber auch der grundsätzliche Punkt der zum Teil sehr heftigen Kritik am Konzept der Grünen Ökonomie.

Eine weitere Säule der Grünen Ökonomie ist die Entwicklung von Strategien und Technologien zur besseren Nutzung natürlicher Ressourcen. Innovation ist damit eine zentrale Hoffnung und verbindet das Konzept eng mit Ansätzen der Bioökonomie. Die Forschungsagenda der Bundesregierung zur Grünen Ökonomie betont diese

Verbindung ausdrücklich: »Indem die Bioökonomie biologische Vorgänge und Ressourcen einsetzt, weiterentwickelt und damit leistungsfähiger macht, werden Technologie, Ökonomie und Ökologie systemisch und nachhaltig verbunden – in Übereinstimmung mit den Zielen und Leitlinien einer Green Economy.«[52]

Der Umstieg von fossilen Energieträgern auf Biomasse, die Anwendung neuer Biotechnologien und die Einbeziehung von »Ökosystemdienstleistungen« in die Ökonomie sind zentrale Anliegen der Bioökonomie. Das Vertrauen auf technologische Lösungen (Stichwort »Techno-Fix«) ist zentrales Element der Bioökonomie.

Auch die Transformationsagenda der Grünen Ökonomie fußt zum einen auf einer Neuorientierung der Wirtschaft unter Einbezug von Natur und zum anderen im Vertrauen auf technologische Lösungen. Ohne die Wunderkraft der Innovation sind die Versprechen auf grünes Wachstum nicht einlösbar.

Die hier genannten Aspekte sind die entscheidenden Stellschrauben der verschiedenen Ansätze der Grünen Ökonomie. In der Grünen Ökonomie gibt es eine Reihe positiver Elemente, und einige zentrale Herausforderungen werden richtig benannt: die Überwindung des fossilen Zeitalters und die Dringlichkeit einer emissionsarmen und ressourcenschonenden Zukunft. Aber entscheidend ist die Frage, ob Grüne Ökonomie die richtigen Strategien entwickelt. Nach der Erkenntnis, »Business as usual« ist keine Option, beginnt erst die Auseinandersetzung um das »Wie« der notwendigen sozialen und ökologischen Transformation – und die Frage, für wen sie besonders dringlich ist.

Zur Verwirrung in der Debatte trägt gelegentlich bei, dass die Grüne Ökonomie oft mit falschen Argumenten kritisiert wird. So sind keineswegs alle Protagonisten der alten (»braunen«) Ökonomie nun glühende bzw. zweifelhafte Anhänger der Grünen Ökonomie geworden. Gerade weil es um die Auseinandersetzung mit konkreten Strategien geht, wird die Klimapolitik in unserer kritischen Betrachtung eine besondere Rolle spielen. Denn in ihrem Umfeld werden globale Ansätze einer neuen Ökonomie der Natur am aussichtsreichsten entwickelt und umgesetzt. Wir betrachten in diesem

Zusammenhang den 2014 vorgelegten *New Climate Economy Report*[53] der Global Commission on the Economy and Climate als eine wichtige Aktualisierung der neuen ökonomischen Ansätze für die globale Klima- und Umweltpolitik.

TEIL ZWEI

Volles Risiko: Fragwürdige Instrumente und Innovationen

6

Natur oder Naturkapital?

Das konstatierte Versagen der klassischen Ökonomie beim Klimawandel und dem Verlust biologischer Vielfalt will die Grüne Ökonomie überwinden, indem sie der Natur einen monetären Wert gibt und Ökosystemdienstleistungen in das Marktsystem mit einbezieht. Messen, Aneignen und Verrechnen sind die Schlüsselmethoden für diesen Weg aus der Klima- und Biodiversitätskrise.

Quantifizierung: Die Natur wird vermessen

Die vielleicht prägnanteste Formulierung des ökonomischen Versagens hinsichtlich der Natur stammt von Pavan Sukhdev: »We use nature because it's valuable, but we lose it because it is free.«[54] Sukhdev stellt damit die Frage nach dem »Wert der Natur« in den Mittelpunkt der Debatte um eine Grüne Ökonomie. Der Begriff »Wert« ist vieldeutig und beinhaltet nicht unbedingt einen monetären Wert. Aber für eine ökonomische Bewertung ist die Frage des Preises zentral. Naturgüter wie etwa saubere Luft haben keinen Preis; dies sei der Grund für deren Übernutzung oder führe zu ihrer Zerstörung. Die Weltbank formuliert es so: »Für Ökonomen, die grünes Wachstum erreichen wollen, ist das Ändern der Anreize, die zu Umweltzerstörung und Verarmung geführt haben, entscheidend – und zwar über die richtigen Preise.«[55] Dafür müssen aber Preise existieren. Folgerichtig heißt es: »Natürlichen Ökosystemen einen monetären Wert zu geben ist der Schlüssel für den Weg zu einem grünen wirtschaftlichen Wachstum.«[56]

Die Tatsache, dass Naturgüter keinen Preis haben, führt laut UNEP zu einer »Fehlleitung von Kapital«. Die große Herausforderung einer Grünen Ökonomie besteht daher darin, die bisher nicht in die Ökonomie einbezogenen Naturgüter in ökonomische Berechnungen und Preissysteme einzubinden.

Konzeptionelle Grundlage dafür ist eine Neufassung des Naturbegriffs – und eben nicht eine Transformation unserer Wirtschaftsweise. »Wirtschaft neu denken«, das wird vor allem mit »Natur neu definieren« verbunden. Damit stellt sich unmittelbar die Aufgabe, Methoden, Techniken und Messverfahren zu entwickeln, mit denen Natur nun ökonomisch bewertet und erfasst werden kann. Und wenn die Ursache der Naturzerstörung bisher deren ökonomische Nichtbewertung war, dann konzentrieren sich in dieser Logik die Lösungen und Handlungsansätze eben auf die Ökonomisierung von Ökosystemleistungen und Natur. Damit werden viele strukturelle Ursachen der Natur- und Klimakrise unsichtbar und bei der Suche nach Lösungen und Auswegen nicht mehr umfassend berücksichtigt. Eine äußerst komplexe Problemlage wird auf das Notwendigste reduziert. Das geht immer mit einem »Unsichtbarmachen« komplexer Wirklichkeiten einher.

Fundamental für die Neudefinition von Natur sind also ihre Messbarkeit und die (monetäre) Inwertsetzung ihrer »Dienstleistungen« (siehe dazu die folgenden Kapitel). Hierbei kommt es zu neuen Formen der Aneignung von Natur, die meist von denjenigen betrieben wird, die die Zerstörung von Ökosystemen miteinander und untereinander verrechnen wollen, um ein »Weiter so« trotz Planetarischer Grenzen zu rechtfertigen. Die sozialen Beziehungen, die existierenden Mensch-Natur-Verhältnisse werden hier meist außer Acht gelassen, obwohl sie durch die neuen Aneignungsformen massiv berührt sind.

In ökonomischen Analysen und politischen Statements zur Grünen Ökonomie setzt sich zusehends der Begriff *Naturkapital* durch. Das Konzept des Naturkapitals ist recht weit gefasst, und vielleicht ist dies auch eine Quelle von Schwierigkeiten und Missverständnissen bei der zum Teil hitzigen Debatte um die Monetarisierung der Natur.

Was ist Naturkapital?

»Der Begriff des ›Naturkapitals‹ dehnt den Begriff des Kapitals […] auf Umweltgüter und -dienste aus. Eine Funktionsbestimmung von Kapital im Allgemeinen ist: ›ein Bestand, der kontinuierlich wertvolle Güter oder Dienste erzeugt‹. Naturkapital ist dementsprechend der Bestand an natürlichen Ökosystemen, die kontinuierlich wertvolle Umweltgüter und -dienste erzeugen. Ein Bestand an Bäumen oder Fischen, zum Beispiel, produziert kontinuierlich neue Bäume und Fische – und dies kann unbegrenzt nachhaltig geschehen. Naturkapital kann zudem Dienste bereitstellen, zum Beispiel Abfall recyceln, Wasser speichern oder für Erosionsschutz sorgen. Da Ökosysteme solche Dienste nur dann anbieten können, wenn sie als Ganzes funktionieren, ist der Aufbau und die Vielfalt eines solchen Systems ein wichtiger Aspekt des Naturkapitals.«[57] Noch prägnanter erklärt es die Weltbank: »Naturkapital bezeichnet den Bestand an natürlichen Ressourcen, die fortgesetzt wertvolle Güter erzeugen.«[58] ■

Naturkapital umfasst zunächst den Bestand von Naturgütern, »the stock«, wozu auch alte Bekannte wie die Rohstoffe gehören. Entscheidend ist aber, dass dieser Bestand Leistungen wie etwa Luft- und Wasserfilterung erbringt. »Natural Capital Accounting« zielt daher in der Regel sowohl auf die Erfassung des Bestandes als auch auf die Bewertung des »Flows«, also der Leistungen des Naturkapitals. So kann etwa die Waldfläche eines Landes (nimmt sie zu, nimmt sie ab?), aber auch die Leistung dieses Waldes, CO_2 zu speichern, in das »Natural Capital Accounting« eingehen.[59]

Das Naturkapital erodiert oder wird kontinuierlich durch menschlichen Einfluss zerstört. Diese Umweltkrise wird in der Sprache der neuen Ökonomie der Natur so betrachtet: »Der alarmierende Schwund unseres Naturkapitals wird im 21. Jahrhundert für jedes

Unternehmen zur entscheidenden Herausforderung werden. Naturkapital ist die Basis menschlicher Gesellschaft, der Wirtschaft und jedes Unternehmens. Der Rückgang dieser Kapitaldecke wird, sollte er ungebremst fortschreiten, unsere Wirtschaft und Gesellschaft katastrophal verändern« – so die eindringliche Mahnung von Ernst & Young LLP, einer der größten Wirtschaftsprüfungsgesellschaften der Welt.[60]

Diese rein ökonomische Sichtweise auf Natur verfängt und holt – so scheint es – neue Verbündete in die Allianz zum Schutz des »Naturkapitals«. Die Natural Capital Coalition ist eine globale Multistakeholder-Plattform, bei der die Weltbank, UNEP, der World Business Council for Sustainable Development und Universitäten wie auch zahlreiche Unternehmen und Umweltverbände mitmachen. Sie blickt so auf das Naturkapital: »Wir haben keinen Reserveplaneten – was bedeutet, dass wir das Kapital rasch aufzehren, das uns die Natur zur Verfügung stellt, und dass wir auf Pump von der Zukunft leben. Das ist nicht nachhaltig. Für die Geschäftswelt ist es an der Zeit, sich der Bedeutung des Naturkapitals bewusst zu werden und dies in ihren Büchern zu verzeichnen. Das gilt für Regierungen und Unternehmen gleichermaßen. Damit Naturkapital zum Teil der Unternehmensphilosophie werden kann, brauchen wir Methoden, seinen Wert zu berechnen, und zwar sowohl in pekuniärer wie in nicht pekuniärer Hinsicht.«[61]

Der Titel eines Essays von Morgan Robertson, einem amerikanischen Ökologen, der bei der monetären Bewertung von Feuchtgebieten für das amerikanische Wetland Banking Scheme mitgewirkt hat, bringt es 2006 auf den Punkt, worum es geht: »The nature that capital can see.«[62] Denn nur das, was für das ökonomische Auge sichtbar ist, zählt als »Natur«. Hierfür bedarf es klar zählbarer Messeinheiten des Naturkapitals. Inzwischen hat sich weltweit eine bedeutsame Akteurskonstellation gebildet, die diese komplexe Aufgabe angeht. Auf der Rio+20-Konferenz ist eine »Natural Capital Declaration« verfasst worden, die von Regierungen, Institutionen des Finanzsektors, Unternehmen und NGOs unterzeichnet worden ist. Die bereits erwähnte Natural Capital Coalition hat unter anderem das Ziel, ein

»Natural Capital Protocol« zu verfassen. Die Weltbank hat zudem die Waves Initiative ins Leben gerufen (»Waves« steht für »Wealth Accounting and Valuation of Ecosystem Services«). Während Waves das Ziel hat, Länder bei der Entwicklung von Ansätzen zu unterstützen, das Naturkapital zu erfassen, zielt die Natural Capital Coalition eher auf eine internationale Vereinheitlichung von Methoden.

Ein wichtiger Meilenstein auf dem Weg zu einem »Natural Capital Accounting« ist das UN System of Environmental Economic Accounting (SEEA), das einen international vereinbarten Standard für biophysische *Quantifizierung* natürlicher Ressourcen entwickelt hat. Der Ansatz wird nun weitergeführt durch den Experimental-Ecosystem-Accounting-Ansatz, der darauf abzielt »to generate a basket of ecosystem services«.[63] Mit dem »UN SEEA«-System ist der Grundstein gelegt für ein »statistical framework to measure environment and its interaction with economy«.[64] Die biophysische Quantifizierung des SEEA ist nicht gleichbedeutend mit Monetarisierung, aber sie stellt einen umfassenden, globalen Ansatz dar, Natur quantifizierbar und vergleichbar zu machen.

Die Missachtung des Naturkapitals – um diese Sprachregelung beizubehalten – ist eine alte und plausible Kritik an überkommenen Messgrößen der Wirtschaft, insbesondere des Bruttoinlandsprodukts (BIP). Der Indikator BIP erfasst zum Beispiel nicht die Schädigung der Natur bzw. des Naturkapitals. So würde es sicherlich Sinn ergeben, nicht nur den Fischverbrauch in Berechnungen einzubeziehen, sondern auch die Entwicklung des Fischbestandes. Weil das Bruttoinlandsprodukt aber Schädigungen an der Umwelt nicht erfasst oder sogar positiv bewertet, ist der Ansatz des »Natural Capital Accounting« auf den ersten Blick durchaus plausibel.

Naturkapital kann auf verschiedene Weisen ökonomisch berücksichtigt werden: zum Beispiel durch die Erfassung der Schädigungen am Naturkapital. In der Umweltökonomie ist dies als Bewertung von Externalitäten bekannt und hat auch den Mainstream der Ökonomen erreicht. Ein gutes Beispiel für einen externen Effekt ist die Luftverschmutzung. Sie kann durch gesetzliche Maßnahmen wie das Verbot von Blei im Benzin oder aber durch Preise etwa in Form einer Steuer reguliert werden. In der Debatte um Umweltschäden und deren Bekämpfung durch ökonomische Mechanismen ist dies unter der griffigen Parole zusammengefasst worden: »Die Preise müssen die ökologische Wahrheit sagen.« Auch wenn dies eingängig klingt und sogar einleuchtend erscheint, wirft es doch eine Reihe von Fragen auf: Sagen etwa 20 Cent mehr auf den Benzinpreis die gesamte »Wahrheit« über Erdöl und Verkehr aus? (Auf Ambiguitäten bei der »Internalisierung externer Effekte« werden wir später noch ausführlicher eingehen.)

Aber das Konzept des »Naturkapitals« öffnet noch eine andere Perspektive für eine Neubestimmung des Verhältnisses von Ökonomie und Natur und deren Valorisierung: Funktionen von Natur wie etwa die CO_2- Speicherung in Wäldern oder Böden sind in den letzten Jahren zunehmend als Dienstleistungen von Ökosystemen beschrieben und begrifflich gefasst worden. Gerade diese »ecosystem services« – wie die griffige englische Bezeichnung lautet – sollen endlich ebenfalls ökonomisch bewertet werden.

Im Konzept des »Naturkapitals« und des »Natural Capital Accounting« sind diese beiden Wege der ökonomischen Bewertung von Natur – die Bepreisung von negativen Externalitäten und die Bewertung der Ökosystemdienstleistungen – vereint. Die Debatte um die Einschätzung ökonomischer Mechanismen im Kontext der Grünen Ökonomie ist oft konfus, weil zwischen den verschiedenen Formen von Inwertsetzung und Bepreisung nicht eindeutig unterschieden wird.[65]

Der Begriff des »Naturkapitals« holt die Natur, wie gesagt, in die Dimensionen der Ökonomie hinein: Natur kann und soll mit ökonomischen Begriffen beschrieben und erfasst werden. Das große Versagen der traditionellen Ökonomie war und ist eben, dass ihr dies tatsächlich nicht ausreichend gelungen ist. Die Grüne Ökonomie will hier Abhilfe schaffen, indem sie die Natur ökonomisch besser erfassbar macht; das heißt: Sie muss besser messbar werden. Der altbekannte Grundsatz: »We can only manage what we measure« ist in Abwandlungen, »We can only treasure what we measure«, gerade zu einem Leitthema der Grünen Ökonomie geworden. Immer wichtiger werden in der heutigen Welt messbare Daten, die sich auch in Euro und Dollar ausdrücken lassen. Dies führt uns zum anderen wichtigen Mechanismus der Ökonomisierung der Natur: zur *Monetarisierung*, also der Bestimmung monetärer Werte.

Monetarisierung – ein Streitthema

Die ökonomische Erfassung von Natur durch *Quantifizierung* und *Monetarisierung* ist inzwischen zu einem politischen Streitthema geworden. Die Fronten sind dabei relativ festgefahren. Sehen die einen in den beiden Verfahren eine große Gefahr, erklären die anderen die ökonomische Erfassung der Natur zum Schlüssel für eine Wende hin zu einer vernünftigen Grünen Ökonomie. Der englische Journalist George Monbiot hat in einem fulminanten Artikel die Debatte und die Kritik an der Monetarisierung zugespitzt: Marktversagen soll durch mehr Markt und Monetarisierung korrigiert werden. Monbiot bezeichnet dies als den »neoliberalen Weg zum Ruin«.[66] Interessant sind die Antworten auf Monbiot, darunter die von zwei wichtigen Protagonisten der Öko-Ökonomie, Robert Costanza und Herman Daily.[67] Ihre Kritik kann wichtige Elemente dieser Debatte verdeutlichen. Für Costanza ist klar: »Wir können nicht nach Belieben Ökosysteme in unsere Bilanzen aufnehmen oder auch nicht. Sie zu bewerten ist alles andere als unmöglich. Wir tun dies bereits jetzt, und zwar tagtäglich, wenn wir Entscheidungen abwägen, die sich auf die Umwelt auswirken. Problematisch ist, dass eine solche Wertbestimmung nur indirekt Teil der Entscheidungsfindung ist und nicht explizit und auf nachvollziehbare Weise stattfindet – und zudem in der Regel die Gewinne, die durch Ökosysteme realisiert werden, nicht ausgewiesen werden. Besser wäre es, wenn wir hier mit offenen Karten spielten, ganz gleich wie vertrackt und mangelhaft ein derartiges Verfahren auch wäre.«[68]

Costanza formuliert hier den wohl am weitesten verbreiteten Einwand gegen die Kritik am Naturkapital-Ansatz und weist völlig zu Recht darauf hin, dass Valorisierung nicht gleichbedeutend mit Monetarisierung ist. »Bei der Wertbestimmung geht es darum, abzuwägen und dies zu vermitteln. Die Einheiten, in denen die Abwägungen ausgedrückt werden, sind willkürlich, und es geht in erster Linie um Anschaulichkeit. Als gemeinsamen Nenner kann man Geld nehmen, ebenso aber Energie, Zeit, Fläche oder Orangen. Geld eignet sich für solche Abwägungen gut, denn die meisten Menschen entscheiden dergleichen übers Geld (und nicht über Energie, Fläche oder Orangen).«

Das ist ein wichtiger Hinweis: Unter heutigen Bedingungen – manche würden sagen: im Kapitalismus – ist Geld das zentrale Kommunikationsmittel – und mehr. Um ökonomisch Natur effektiv erfassen zu können, ist Monetarisierung nicht irgendeine beliebige Möglichkeit unter vielen, sondern eine wesentliche. Genau deshalb stellt die ökonomische Valorisierung einen Dammbruch dar.[69]

Ganz anders die Erwiderung von Herman Daly. Er argumentiert, dass Naturkapital ursprünglich nicht auf eine monetäre Erfassung von Natur zielt: »Das Wort ›Kapital‹ leitet sich her von ›capita‹, d. h. ›Köpfe‹, womit die Kopfzahl einer Rinderherde gemeint ist. Die Herde stellt das Grundkapital dar. Der nachhaltige, jährliche Zuwachs der Herde besteht darin, dass nützliche Güter, d. h. ›Einkommen‹, produziert werden – und zwar materiell und nicht monetär. Ebendiese materielle Beschreibung von Naturkapital trifft auch auf einen Wald zu, in dem sich nachhaltig eine bestimmte Holzmenge ernten lässt, oder auf einen Fischbestand, der nachhaltig einen bestimmten Fang abwirft. Hergeleitet ist diese Bedeutung von ›Naturkapital‹ von der Wechselbeziehung zwischen materiellem Bestand und dem Fluss von Gütern – unabhängig von Preisen und monetärer Wertbestimmung.«[70] Allerdings werden die meisten Menschen, die den Begriff »Naturkapital« hören, kaum an eine Viehherde denken.

Für Daly und andere ist der Begriff »Naturkapital« wichtig, weil er verdeutlicht, wie grundlegend die Erhaltung des Bestandes ist, also der natürlichen Basis des Lebens und der Ökonomie – ganz nach dem alten Motto, dass, wer die Kuh schlachtet, auch keine Milch bekommt. Daly sieht aber durchaus die Gefahr, dass der Begriff zusehends monetär-ökonomisch verwendet wird, und markiert den fundamentalen Unterschied: »Geld ist ersetzbar, die Natur ist es nicht.« Genau. Aber dieser fundamentale Unterschied wird in der ökonomisierenden Sprache des Naturkapitals gerade verwischt. Natur wird mit ökonomischen Kategorien beschrieben, dies ist der Sinn – und das Problem.

»Die Umwelt ist Teil der Wirtschaft und muss korrekt in sie einbezogen werden, andernfalls wird man leicht Wachstumschancen übersehen.« Diese Aussage stammt von Dieter Helm, Vorsitzender des britischen Natural Capital Committee, und Monbiot (siehe oben) zitiert ihn, um die gefährlichen Implikationen des Naturkapitalansatzes zu zeigen. Natur muss angemessen in die Ökonomie integriert werden, nicht umgekehrt. Hier kündigt auch Daly seine Gefolgschaft auf – und hier scheiden sich wohl die Geister. Ökonomie wird damit zum Ganzen und Ökologie zu einem Teilsystem. Die Integration von Natur in Ökonomie bedarf aber einer besonderen Natur, einer Natur, die mit der Ökonomie kommunizieren kann. Quantifizierung muss nicht alleine in monetären Werten erfolgen, aber die monetäre Quantifizierung ist im ökonomischen System freilich die am besten kommunizierbare. Daher ist Monetarisierung nicht eine Kommunikation unter anderen, sondern, wenn man so will, des Pudels Kern.

Manchen erscheint diese Debatte etwas theorielastig und vielleicht sogar müßig. Aber diese wesentlichen Mechanismen der Ökonomisierung von Natur werden in zwei der wichtigsten Handlungsfelder der globalen Umweltkrisen, beim Klimawandel und beim Verlust biologischer Vielfalt, angewandt und wirksam. Sie ist praxisrelevant und hat unmittelbare Auswirkungen auf Mensch und Natur.

Der Klimawandel – Messen, Aneignen, Verrechnen

Eine der ältesten und erfolgreichsten Initiativen im Bereich der quantitativen Erfassung von »Naturkapital« ist das Carbon Disclosure Project (CDP). Dem CDP haben sich »weltweit 722 Großinvestoren angeschlossen, die zusammengerechnet 87 Billionen Dollar Vermögen verwalten (Dez. 2013)«.[71] Unterstützung erfährt das CDP aber auch von NGOs wie dem WWF. Ein zentrales Ziel des CDP ist es, gemeinsame Standards für die Messung von CO_2 zu etablieren, auch in Zusammenarbeit mit anderen Organisationen wie dem World Resources Institute und dem World Business Council for Sustainable Development. Solch eine Vereinheitlichung von Methoden und Messverfahren ist dringend notwendig, weil der internationale Handel mit CO_2-Zertifikaten trotz vielfältiger Schwierigkeiten und Preisverfall inzwischen ein beachtliches Volumen erlangt hat. Nach Angaben der Weltbank erreichten die weltweiten CO_2-Märkte 2013 ein Volumen von 30 Milliarden US-Dollar.[72]

In Bezug auf Messbarkeit und quantitative Erfassung ist CO_2 so etwas wie ein Vorreiter geworden, eben auch, weil sich CO_2 leichter messen lässt als etwa Ökosystemleistungen. CO_2 ist heute damit weitgehend kommensurabel, und so können komplexe Prozesse bei der Emission von CO_2 nun auf wenige Maßzahlen reduziert werden.

Dabei geht es keineswegs nur um CO_2, das Treibhauspotenzial anderer Gase wird ebenfalls in CO_2 ausgedrückt, als Maßzahl für den relativen Effekt des Beitrags zum Klimawandel. Das Treibhauspotenzial gibt also an, wie viel eine festgelegte Menge eines Treibhausgases zur globalen Erwärmung beiträgt. Als Vergleichswert dient dabei, wie gesagt, das Kohlenstoffdioxid; die Abkürzung lautet CO_{2e} (für »equivalent«). Der Wert beschreibt die mittlere Erwärmungswirkung über einen bestimmten Zeitraum, oft bezogen auf 100 Jahre. Ein Beispiel: Methan hat ein CO_2-Äquivalent von 25. Das bedeutet, dass ein Kilogramm Methan in den ersten 100 Jahren nach seiner Freisetzung in die Atmosphäre 25-mal so stark zum Klimawandel beiträgt wie ein Kilogramm CO_2. Damit kann man unterschiedliche Treibhausgase in ihrer Wirkung vergleichen – allerdings bezieht sich dieser Wirkungsvergleich allein auf den Treibhausgaseffekt und nicht auf andere Folgen, die mit der Emission des jeweiligen Gases einhergehen, also zum Beispiel Landnutzungsänderungen, politische Machtverschiebungen, wirtschaftliche Pfadabhängigkeiten, soziale Konflikte usw.

Put a price on Carbon oder: Der Königsweg – ein Preis für CO_2

In den Versuchen, Naturkapital monetär zu bewerten, spielt der Preis von CO_2 eine zentrale Rolle. CO_2 ist keine Ware wie jede andere. Niemand kann CO_2-Emissionen etwa seines Autos einfach verkaufen – da hilft auch eBay nicht. CO_2 ist ein Treibhausgas, also ein Schadstoff, oder in ökonomischen Begriffen gesprochen: eine negative Externalität. Dennoch gibt es Preise und Märkte für CO_2. Mit CO_2-Märkten ist ein neues, globales Paradigma geschaffen worden: Eine »negative Externalität« hat einen Preis und kann gehandelt werden – und das weit über begrenzte regionale Kontexte hinaus. Der Preis für CO_2 und die Emissionshandelssysteme sind mit Abstand zum wichtigsten Hoffnungsträger für eine allmähliche Dekarbonisierung der Wirtschaft geworden. CO_2 hat dabei entscheidende Vorteile: Es ist relativ gut messbar, ein Markt existiert bereits, und die Klimapolitik hat die Reduktion von CO_2 zu ihrem zentralen Bezugspunkt gemacht. Aber CO_2 hat eine weitere Besonderheit, die von vielen pragmatischen Befürwortern von CO_2-Märkten als Instrument effizienter Umweltpolitik übersehen oder vernachlässigt wird: CO_2 entsteht sowohl durch Verbrennung fossiler Energieträger (also Öl, Kohle und Gas) als auch durch die Zerstörung von Wäldern, und es kann in Pflanzen gespeichert und der Atmosphäre entzogen werden. Insbesondere Wälder, andere Biomasse und Böden können also auch als CO_2-Senken fungieren. Die Messung und Bepreisung von CO_2 ist damit geradezu die idealtypische Umsetzung der Idee des Naturkapitals. Es fasst die Treibhausgasemissionen durch die Industrie und Naturfunktionen (Speicherung von CO_2) in einer einheitlichen Messgröße (emittiertes oder vermiedenes CO_2) zusammen – ein Schritt, dessen paradigmatische Bedeutung kaum zu überschätzen ist. Damit werden etwa die Anstrengungen einer indigenen Gemeinschaft am Amazonas, Entwaldung zu reduzieren, mit den Emissionen einer Zementfabrik in Westfalen kommensurabel und potenziell handelbar.

Vor diesem Hintergrund kann es nicht überraschen, dass »put a price on carbon« zu einer Schlüsselfrage in der globalen Klimapolitik wird. Im September 2014 hat die Weltbank im Rahmen der »Climate Leadership in Action« ein Manifest (»Statement« heißt es offiziell) mit dem Titel »Putting a Price on Carbon« lanciert. »Carbon Pricing«, das macht das Dokument deutlich, wird zum Schlüssel für alle Strategien: Es sei unvermeidlich, Kohlenstoff einen Preis zu geben, um Investitionen im Umfang der Kosten des Klimawandels umzulenken.

Das Manifest ist von Ländern und Unternehmen unterschrieben worden, die über 50 Prozent des weltweiten Bruttosozialprodukts repräsentieren; darunter Deutschland, die Deutsche Bank und Shell, nicht aber die USA und Australien. Dennoch wird das Manifest als Durchbruch gewertet. Oder wie Rachel Kyte, die für Klimafragen verantwortliche Vizepräsidentin der Weltbank, es während der Klimakonferenz 2014 in Lima formulierte: »Es ist keine Frage mehr von ob, sondern von wann und wie.« CO_2-Bepreisung wird daher immer mehr zu einem Schlüssel, Klimapolitik als ökonomische Transformation im Kontext der Grünen Ökonomie zu definieren.

Gerade an dem Beispiel der immer deutlicher werdenden Bedeutung von »Carbon Pricing« zeigt sich, dass »Monetarisierung« kein Schreckgespenst ist, das paranoide Globalisierungskritiker an die Wand malen, sondern eine reale Praxis, die durch eine mächtige Interessenkoalition als Antwort auf die globale Umwelt- und Klimakrise vorangetrieben wird – mit fatalen Konsequenzen.

Aneignung

Naturfunktionen, verstanden als Naturkapital, haben das Potenzial, zu Vermögenswerten und damit zu handelbaren Gütern zu werden. Das ist – trotz aller Schwierigkeiten, funktionierende Märkte zu schaffen – beim CO_2 weitgehend gelungen. Aber beim CO_2-Handel werden natürlich nicht Kohlendioxide gehandelt, sondern Zertifikate, die auf der juristischen Figur der Verschmutzungsrechte beruhen. Firmen werden solche Verschmutzungsrechte zugeteilt (wie in der ersten Phase der EU-ETS), oder sie müssen sie kaufen bzw. ersteigern. Damit sind handelbare Eigentumsrechte in Form von Zertifikaten geschaffen worden. Ein solcher Handel wird in der Regel nur möglich durch die Festsetzung von Obergrenzen für die Emissionen von CO_2, den sogenannten »Caps«, die überhaupt erst einen Markt und eine Nachfrage kreieren. Daher der Name »cap and trade« für solche Handelssysteme.

Das Beispiel zeigt, dass der Handel solcher Naturgüter, »natural assets«, an klar definierte Eigentumsverhältnisse geknüpft ist. Mag die Konstruktion von Verschmutzungsrechten vielen fragwürdig erscheinen, so hat sich doch als wirksam erwiesen, einen Handel zwischen Wirtschaftsakteuren zu etablieren, die in der Lage sind, die komplizierten Vorbedingungen dafür (Etablierung einer Messeinheit, wie »Carbon Metrik«, juristische Form usw.) zu erbringen.

Das ändert sich aber radikal, wenn auch die Reduzierung von für die Zukunft angenommenen CO_2-Emissionen aus Entwaldung in einen CO_2-Handel einbezogen wird. Seit vielen Jahren wird die Einbeziehung von Emissionen aus Entwaldung im Rahmen der UN-Klimaverhandlungen unter der Abkürzung REDD (steht für: »**R**educing **E**missions from **D**eforestation and Forest **D**egradation«) diskutiert. Entscheidend ist auch hier, zunächst verlässliche Methoden zur Messung von CO_2 aus Entwaldung zu entwickeln. Die Aufgabe wird nicht einfacher dadurch, dass CO_2-Kredite ja nicht durch Entwaldung, sondern durch die Vermeidung von Entwaldung entstehen. Zunächst muss festgestellt werden, wie viel Entwaldung normalerweise zu erwarten wäre und wie viel nun durch gezielte Schutzmaßnahmen im Vergleich zu diesem hypothetischen Szenario verringert wird. Der daraus errechnete Betrag kann in Zertifikate verwandelt werden. Aus vagen (und politisch leicht manipulierbaren) Zukunftsprognosen werden hier Finanzmarktprodukte.

Eine erste Zertifizierung der Reduktion von CO_2-Emissionen durch Projekte ist im Kontext des »Clean Development Mechanism« (CDM) des Kyoto-Protokolls entwickelt worden. »Certified Emission Reduction« (CER) lautet der Name der handel- und verrechenbaren Einheiten, die mit beachtlichem methodologischen Aufwand entwickelt worden sind.[73] Im Rahmen des CDM sind Projekte für Aufforstung und Wiederaufforstung, aber nicht für Reduzierung von Entwaldung anrechenbar. Für die Reduzierung von Entwaldung ist der

Wie funktioniert der EU-ETS?

Um den Ausstoß von Treibhausgasen zu begrenzen, hat eine Reihe von Ländern als zentrales Politikinstrument Emissionshandelssysteme eingeführt. Bei diesen sogenannten Cap-and-Trade-Systemen legt der Gesetzgeber für einen festen Zeitraum eine Höchstgrenze für den Ausstoß klimaschädlicher Gase fest (»cap«), damit diese gemäß der Klimaziele sinken. Entsprechend gibt er Zertifikate aus oder versteigert sie (zum Beispiel ein Zertifikat für eine Tonne CO_2). Unternehmen, die dem Emissionshandel unterliegen, müssen Zertifikate entsprechend ihres CO_2-Austoßes nachweisen. Die Papiere sind frei handelbar, der Ausstoß einer Tonne CO_2 bekommt einen Handelspreis (»trade«). Insgesamt 17 Emissionshandelssysteme gibt es weltweit, weitere sind in Planung. Der länderübergreifende europäische Emissionshandel ist das größte hiervon. Handelssysteme auf nationaler Ebene gibt es in Neuseeland und Südkorea, regionale Systeme in Kalifornien, Tokio und China. Bis 2016 wird die Menge der durch dieses Instrument erfassten Emissionen auf 6,8 Milliarden Tonnen CO_2-Äquivalente steigen. Hinter dem Emissionshandel stehen zwei Versprechen: Erstens soll er kontrollierbar den klimaschädlichen CO_2-Ausstoß begrenzen. Zweitens soll er Investitionsanreize für Klimaschutzmaßnahmen schaffen sowie klimafreundliche Unternehmen wettbewerbsfähiger machen und so die dringend notwendige Dekarbonisierung der Wirtschaft vorantreiben. Der Emissionshandel kann aus strukturellen Gründen weder das eine noch das andere Versprechen halten, wie das Beispiel des europäischen Emissionshandels zeigt. Unter massivem Lobbydruck hat die EU die CO_2-Obergrenze für die Emissionen ab 2008 zu großzügig bemessen und sie auch in der Folge zu wenig abgesenkt. Die Menge der Zertifikate war von Anfang an zu hoch, als dass sich Preise hätten bilden können, die im großen Stil Anreize für Klimaschutzmaßnahmen schaffen. Zusätzlich haben die Staaten gerade den klimaschädlichsten Unternehmen noch finanzielle Vorteile verschafft, indem sie Zertifikate im großen Umfang kostenlos verteilten. Durch die Einpreisung der Zertifikatspreise und den Verkauf von Überschüssen haben allein die zehn größten Nutznießer von 2008 bis 2012 Profite in Höhe von 3,2 Milliarden Euro gemacht. Mittlerweile müssen die Energiekonzerne die benötigten Zertifikate zwar vollständig ersteigern, die Industrie bekommt aber dank großzügiger Ausnahmen den größten Teil weiter kostenlos. Außerdem profitieren alle Unternehmen von der Übertragung überschüssiger Zertifikate aus früheren Handelsperioden. Der Stahlkonzern Arcelor Mittal zum Beispiel muss bis 2024 keine zusätzlichen Zertifikate kaufen. Auch das Versprechen, den Treibhausgasausstoß kontrollierbar zu machen, kann der Emissionshandel bislang nicht halten. Grund sind die sogenannten Offset-Gutschriften in den bestehenden Handelssystemen. Das sind Emissionsgutschriften, die Konzerne zur Erfüllung ihrer Pflichten seit 2008 in großer Zahl außerhalb des Emissionshandels einkaufen dürfen. Die Idee dahinter: Weil es egal ist, wo auf der Welt der Treibhausgasausstoß begrenzt wird, kann ein europäischer Energiekonzern, statt selbst teuer seine Emissionen zu reduzieren, ebenso gut irgendwo den Bau eines günstigeren Windparks finanzieren. Das Problem ist, dass etwa ein Drittel bis die Hälfte der Projekte keinen zusätzlichen Nutzen bringt, weil die entsprechenden Investitionen ohnehin stattgefunden hätten. Die Klimawirkung der Offset-Gutschriften ist damit nicht nur gleich null, sondern bisweilen durch den Missbrauch des Instruments sogar negativ. Allein bis zum Ende der zweiten Handelsperiode 2012 sind in der EU durch die Offsets auch mehr als eine Milliarde zusätzliche Zertifikate in den Handel gekommen, in der dritten Handelsperiode bis 2020 könnte ihre Zahl bis auf 1,7 Milliarden anwachsen. Durch die Auslagerung der Reduktionspflichten mindern die Offset-Kredite den Druck auf die Wirtschaft, sich zu wandeln. Durch die Offsets, die Überausstattung, die Wirtschaftskrise 2008/09 sowie damit zusammenhängende Fehlprognosen ist der Zertifikateüberschuss in Europa auf mehr als zwei Milliarden gestiegen und drückt den CO_2-Preis dauerhaft in den Keller. In Kombination mit günstigen Kohle- und hohen Gaspreisen hat das in Europa zu einem Kohleboom geführt. Von 2010 bis 2013 sind die Emissionen in diesem Sektor um sechs Prozent gestiegen, weil der CO_2-Preis nicht ausreichte, um den Strom aus den klimafreundlicheren Gaskraftwerken gegenüber Kohlestrom wettbewerbsfähig zu machen. Die Kohle hat das Gas verdrängt. Als weitestgehend wirkungslose Reform hatte die EU bereits beschlossen, 900 Millionen Zertifikate vorübergehend zurückzuhalten (Backloading). Zudem soll nun nach dem letzten Reformbeschluss ab dem Jahr 2019 eine Marktstabilitätsreserve dem anhaltenden Preisverfall entgegenwirken, indem die Anzahl der im Markt gehandelten Zertifikate reduziert wird und diese in einem Fonds eingelagert werden. Großbritannien hat inzwischen einen Mindestpreis für CO_2-Zertifikate festgelegt. Doch selbst mit einem hohen CO_2-Preis, der in der Realität nicht in Sicht ist, steuert der Emissionshandel die Emissionsmenge stets nur quantitativ und treibt so den Umbau des Wirtschaftssystems nicht voran. *Quelle: Kohleatlas* ■

»Verified Carbon Standard« (VCS) als anerkannter Standard entwickelt worden. Zwar kranken sowohl der CDM- wie der REDD-Markt an abgestürzten Preisen und unzureichender Nachfrage, aber das prinzipielle Instrumentarium für die standardisierten Messungen von CO_2-Krediten aus (vermiedener) Entwaldung liegt vor und wird praktiziert.

Nach den bisherigen Erfahrungen wird eine Tendenz immer deutlicher: Die monetäre Bewertung der CO_2-Speicherung im Wald reicht nicht aus, wenn damit die Umwandlung von Naturwald in intensive landwirtschaftlich genutzte Flächen – etwa für den Anbau von Soja- oder Palmölplantagen – verhindert werden soll. Letzteres ist profitabler. Daher wird der REDD-Mechanismus für Großgrundbesitzer und Unternehmen, die die wichtigsten Verursacher von Entwaldung sind, zunehmend uninteressant. Stattdessen werden zusehends indigene Völker und lokale Gemeinschaften zur primären Zielgruppe von REDD-Projekten, obwohl sie kaum für die Zerstörung von Wäldern verantwortlich sind. Für sie sollen die monetären Anreize ausreichend sein, um walderhaltende Maßnahmen – wie etwa die Verhinderungen von Rodungen für Wanderfeldbau – zu ermöglichen. Indigene Völker und lokale Gemeinschaften sollen also zu CO_2-Händlern werden. Nur können sie CO_2 nicht wie Keramik handeln. Ein umfangreiches System von Berechnungen, Berichten und Verifizierung (allgemein als »Measurement, Reporting and Verification«, MRV, bezeichnet) ist notwendig; CO_2-Kredite müssen zertifiziert werden. Die Gemeinschaften geraten damit in Abhängigkeit von Consulting-Firmen und Beratern, die diese Aufgaben erfüllen können. Und es müssen komplizierte Fragen nach den Eigentumsrechten geklärt werden, denn eine neue Kategorie von Eigentumsrechten entsteht: die »Carbon Rights«. Ein Teil des Lebensraums indigener Völker und lokaler Gemeinschaften – der Wald – wird damit über seine Funktion, CO_2 zu speichern, in ein (potenziell) handelbares Produkt verwandelt. Transferzahlungen an indigene Völker werden im Rahmen der REDD-Logik an verifizierbare Leistungen (CO_2-Reduktion) geknüpft; »result based payments« heißt dies dann. Ist dieser Weg einmal beschritten, müssen sich die Gemeinschaften den Regeln des Marktes unterwerfen und ihre Lebensweise daran ausrichten. Sie verlieren damit zumindest teilweise die Kontrolle über ihr Territorium.

Dies alles ist bislang eher ein Szenarium als eine Realität, aber zahlreiche Konflikte in und um REDD-Projekte deuten an, dass das hier skizzierte Konfliktfeld durchaus realistisch ist.[74] Durch Mechanismen wie REDD können große Gebiete dieser Welt, die bisher durch lokale Gemeinschaften bewirtschaftet wurden, in den Strudel von CO_2-Märkten geraten. Das Absurde dabei ist, dass ausgerechnet diejenigen, die am wenigsten zur globalen Entwaldung beigetragen haben, nun durch einen marktkonformen Mechanismus bedient werden, der Entwaldung verhindern soll. Dabei geraten ihre Lebensgrundlagen und ihre Kultur gleich zweifach unter Druck: durch die Ausweitung der landwirtschaftlichen Nutzflächen einer industrialisierten und auf Export ausgerichteten Landwirtschaft und durch neue, marktbasierte Mechanismen wie REDD, die dem Schutz von Natur und Wäldern dienen sollen.

REDD kann so als ein Großversuch gesehen werden, Territorien, die bisher nicht einer Marktlogik und ökonomischen Berechnung unterworfen waren, in diese (tendenziell) einzubeziehen – ein Weg, der durch Grundannahmen der Grünen Ökonomie bedingt ist: Entwaldung sei durch die fehlende Bewertung der Ökofunktionen des erhaltenen Waldes verursacht, es fehle der ökonomische Anreiz zur Erhaltung des Waldes. Diese ökonomische Logik wird aber nun auf Gemeinschaften angewandt, die eigentlich den Wald ganz gut erhalten haben. Hier wird deutlich, dass eine solche ökonomische Betrachtung von Natur den Blick auf die Gemeingüterökonomie versperrt. Haben indigene Völker und traditionelle Gemeinschaften nicht gerade deshalb Wald und Ökosystem erhalten, weil sie als Commons, als Gemeinschaftsgüter, mit übermittelten Regeln bewirtschaftet wurden, eingebettet in gemeinschaftliche Strategien und nicht einer individuellen Profitmaximierung unterworfen? Statt den Ansatz der Bewirtschaftung von Gemeingütern zu stärken, wollen Instrumente wie REDD eine Inwertsetzungslogik etablieren, die nur dann Sinn ergibt, wenn sie auch zur Verwertung führt und dabei Eigentumsrechte, nämlich »Carbon Rights«, veräußert werden.

Neuere Tendenzen in der Debatte um Klima, Wälder und Landwirtschaft weiten dabei den REDD-Ansatz aus und wollen ganze »Landscape«-Ansätze entwickeln, die CO_2-Speicherfähigkeit und die Ökosystemdienstleistungen von Böden, Bäumen und Pflanzen insgesamt in den Blick nehmen – und damit Tür und Tor öffnen für einen viel umfassenderen Verlust an Rechten und Kontrolle, den die eigentlichen Bewohnerinnen und Bewohner dieser »Landscapes« traditionell besitzen und die ihnen eine Lebensgrundlage und der Natur eine Überlebenschance bieten.

Verrechnen

Mit der Etablierung einer »Carbon Metric« ist untrennbar die Idee der Äquivalenz verbunden. Eine Tonne CO_2 ist eine Tonne CO_2 – ganz egal, wo und wie entstanden. Das ist die logische Konsequenz einer objektivierten Metrik. CO_2 und sein Äquivalente werden damit handelbar wie Benzin oder Kartoffeln. Aber wenn es mess- und handelbar ist, dann ist es auch verrechenbar. Wen etwa das schlechte Gewissen wegen einer Flugreise plagt, kann die dadurch entstehenden CO_2-Emissionen kompensieren: Für einen Flug von Berlin nach New York muss man bei dem seriösesten deutschen Anbieter, atmosfair gGmbH, 45 Euro bezahlen. Für dieses Geld werden dann klimafreundliche Projekte unterstützt, die die Emissionen des Fluges ausgleichen sollen. Die Emissionen des Fluges werden beispielsweise mit einem Waldprojekt in Lateinamerika verrechnet. Durch vielfältige Kompensationsangebote wird diese Idee immer alltäglicher, sie wird naturalisiert.

»Offsetting« lautet das englische Wort für diese Art der Kompensation und ist eines der Schlüsselkonzepte der internationalen Klimapolitik. Zwei Mechanismen des Kyoto-Protokolls, der »Clean Development Mechanism« (CDM) und »Joint Implementation«, sind als Offset-Mechanismen konzipiert. Im europäischen Emissionshandel sind Offsets aus diesen beiden Mechanismen – mit Einschränkungen – verwendbar.[75]

Trotz der bereits erwähnten aktuellen Schwierigkeit des CO_2-Handels: »Offsetting« ist eine etablierte Praxis mit existierenden und anerkannten Maßeinheiten. Es ist umstritten, inwieweit REDD als Offset-Mechanismus funktionieren soll; es existiert eine mächtige Interessenkoalition, die dies will, es gibt aber auch große Widerstände.

Auch andere Maßnahmen als der Walderhalt können für die CO_2-Reduktion erfasst, quantifiziert, standardisiert und gehandelt werden. Die Beispiele sind teilweise überraschend. So sind zum Beispiel im Kontext des kalifornischen Emissionshandels Offsets aus Reisanbau vorgesehen: »Die vorgeschlagenen ›Compliance Offset Protocol‹-

Reisanbauprojekte würde es Reisbauern im Sacramento Valley erlauben, Treibhausgas-Offsets anzubieten, die dann im Markt für Emissionsrechte verkauft werden könnten. Reis würde das erste auf Ernte basierende landwirtschaftliche Offset darstellen und den Weg ebnen für zusätzliche Offset-Protokolle in der Landwirtschaft.«[76]

Hinter der Idee des Offsetting steht das Ziel, am Ende eine »Netto-Reduktion« von CO_2-Emissionen zu erzielen bzw. langfristig »Netto-Null-Emissionen«: »In einem Jahr wird die internationale Gemeinschaft die Gelegenheit haben, ein klares Signal zu senden, dass wir, als Weltgemeinschaft, entschlossen sind, bis zum Jahr 2100 unsere Volkswirtschaften in Ökonomien mit Netto-Null-Emissionen umzuwandeln« – so der Weltbankpräsident Jim Yong King im Dezember 2014.[77]

Tatsächlich läuft die Netto-Null-Idee darauf hinaus, dass die Welt weiter Emissionen produzieren kann, solange es einen Weg gibt, diese »auszugleichen«. Anstatt also umgehend anzufangen, die Emissionen radikal zu reduzieren, sollen wir weiterhin enorme Mengen CO_2 ausstoßen können – und sogar neue Kohlekraftwerke errichten – und derweil behaupten, Klimaschutz zu betreiben, indem wir die Entwicklung von Technologien zur Speicherung von CO_2 vorantreiben.[78]

Nicht nur die Speicherung von CO_2 kann uns in die Netto-Null-Welt führen. Mit dem Ausbau von Senken, etwa durch die Pflanzung von Bäumen, können Emissionen sogar überkompensiert werden. Damit entstehen »negative Emissionen«, die Emissionen an anderen Stellen ausgleichen. Solche Konstruktionen sind politisch bereits eminent wichtig und wirkungsträchtig. Dabei ist es schon abenteuerlich, wie durch eine so griffige Formel wie »Net Zero« ein neues Verständnis von Natur popularisiert und im alltäglichen Gebrauch eingeschliffen wird.

So wird sichtbar, wohin ein »Framing« durch den Begriff »Naturkapital« führt: Elemente der Natur sind austausch- und verrechenbar. In der Klimapolitik bringt der »Net Zero«-Ansatz Natur und Ökonomie in einen großen Verrechnungsmodus zusammen, oder in den Worten der Vizepräsidentin der Weltbank, Rachel Kyte: »Der jüngste Bericht des Weltklimarates (IPCC) sagt uns, dass wir, um den Klimawandel einzudämmen und die globale Erwärmung unter 2 °C zu halten, jetzt beginnen müssen mit der Reduzierung von Emissionen und der Annäherung an Netto-Null-Emissionen innerhalb dieses Jahrhunderts. [...] Wir wissen seit Längerem, dass die Verlangsamung der Entwaldung, Aufforstungen und die CO_2-Speicherkapazität der Natur uns helfen können, Netto-Null-Emissionen zu bekommen, und dass Investitionen in klimafreundliche Landnutzung helfen, diese Kapazitäten zu erweitern [...].«[79]

Verlust von Biodiversität – Messen, Aneignen, Verrechnen

Die Idee, Natur als Bereitstellerin von Ökosystemleistungen zu sehen, hat in den letzten Jahren eine steile Karriere gemacht. Die Natur als Dienstleisterin, als Bereitstellerin von »Services« zu beschreiben ändert den Blick auf Natur, und dies ist durchaus gewollt. Die Begrifflichkeit ist letztlich eingeführt worden, um Natur zu schützen und die umfassende Abhängigkeit des Menschen von der Natur deutlich zu machen. Menschliches Wohlergehen hängt von einer intakten Natur ab – das war die zentrale Botschaft des »Millennium Ecosystem Assessment« (MA), der 2003 wesentlich zur Popularisierung des Begriffs »Ökosystem(dienst)leistungen« beitrug. Denn nur zu oft gerät lediglich die unmittelbare Verwertung von Natur in das Blickfeld der Ökonomie: Sie erfasst den Wald als Holzlieferanten, aber nicht als Ökosystem, das viele andere Funktionen hat: etwa die Sauberhaltung von Luft, die Speicherung von CO_2 oder die Bereitstellung sauberen Wassers durch Filterung. Der Ökosystemansatz will dies in den Blick bekommen, aber es geht um mehr als reine Sichtbarkeit. Eine Einführung des Bundesministeriums für wirtschaftliche Zusammenarbeit und Entwicklung (BMZ) gibt ein gutes Bild von den Erwartungen an den Ansatz: »Die Natur stellt den Menschen eine Vielzahl von Leistungen und Ressourcen zur Verfügung. Dazu gehören zum Beispiel sauberes Wasser, gesunde Böden, Schutz vor Überschwemmungen und Bodenerosion, Arzneimittel, Kohlenstoffspeicherung, Klimaregulierung und Erholung. Obwohl die Menschheit von diesen Leistungen der Natur abhängig ist, existieren für sie keine Preise oder Märkte. Sie werden als wirtschaftliches Gut kaum wahrgenommen, und ihr Wert wurde lange nur als gering eingeschätzt.«[80]

Angespornt vom publizistischen Erfolg des Stern-Reports, wurde schließlich im Jahr 2007 eine Initiative zur ökonomischen Betrachtung von Ökosystemen und Biodiversität unter der Leitung von Pavan Sukhdev ins Leben gerufen: The Economics of Ecosystems and Biodiversity (TEEB). Hier soll der Erhalt von Natur in eine ökonomische Rationalität eingebunden werden.

TEEB begibt sich auf ein wesentlich schwierigeres Terrain als Stern. Die ökonomische Bewertung von Natur ist kompliziert und umstritten – das wird auch in den von TEEB veröffentlichten Studien keineswegs bestritten. Auch wenn TEEB keinen Konsens erreichen konnte, trug das Projekt doch dazu bei, den Begriff des »Naturkapitals« zu popularisieren und eine ökonomische Betrachtung der Natur immer mehr auch in die politischen Diskurse einzubringen. So verfügt auch die EU inzwischen über einen »Workstream« unter dem Titel »Natural Capital Accounting« und eine »Natural Capital Financing Facility«.

Doch den Befürworterinnen und Befürwortern eines solchen ökonomischen Ansatzes geht es bei Weitem nicht nur um die Sichtbarmachung der Dienstleistungen der Natur: »Um die für die Bewahrung von Ökosystemen entstehenden Kosten gerechter zu verteilen, wurden in den vergangenen Jahren verschiedene Mechanismen entwickelt. Zu den etablierten Verfahren gehören die ›Zahlungen für Ökosystemdienstleistungen‹ (Payments for Ecosystem Services, PES). Dahinter steckt der Gedanke, dass diejenigen, die zur Erhaltung von Ökosystemen beitragen – die lokale Bevölkerung, oft auch indigene Gemeinschaften –, von den Nutznießern der Ökosystemdienstleistung dafür bezahlt werden sollen.«[81]

Das ist zunächst ein einleuchtender Gedanke, schließlich hängt das menschliche Wohlergehen ja von den Funktionen der Natur ab. Doch er vermischt sich mit einer problematischen Ursachendiagnose: Das Fehlen von Preisen und Märkten sei die Wurzel allen Übels. Aus der Anerkennung von Ökosystemleistungen folgt mithin die plau-

Zahlungen für Umweltleistungen – eine Typologie

Der Begriff »Payment for Ecosystem Services« (PES) wird für durchaus unterschiedliche Zahlensysteme verwendet:

- PES als Zahlungen aus öffentlichen Geldern – sprich: Subventionen – zum Erhalt von Ökosystemen, zum Beispiel Subventionen an EU-Bauern und -Bäuerinnen zum Erhalt der Biodiversität als Teil der gemeinsamen Agrarpolitik der EU.
- Zahlungen privater Unternehmen und Akteure, um ihr Image aufzubessern (sogenanntes Greenwashing).
- Freiwillige Zahlungen, um Verschmutzung oder Naturzerstörung auszugleichen.
- PES als Genehmigung, über ein gesetzliches Limit hinaus zu verschmutzen oder zu emittieren.[82] ■

sible Forderung nach einer Bezahlung für Ökosystemdienstleistungen, meistens mit der englischen Abkürzung PES (»Payment for Ecosystem Services«) bezeichnet. Die Verbindung zur Idee der Grünen Ökonomie ist evident: Es existieren keine Preise und Märkte für die Leistungen der Natur, also müssen Preise ermittelt und Märkte geschaffen werden. PES wird daher oft im Kontext von sogenannten marktbasierten Instrumenten (»Market Based Instruments«, MBI) behandelt, einem großen Hoffnungsträger der internationalen Umweltpolitik. Die Gründe für die Popularität sind nur allzu offensichtlich: Marktbasierte Instrumente entlasten den Staat, Umweltpolitik verursacht keine neue Kosten, und die Umsetzung ist flexibel, sie wird zwischen Marktteilnehmern verhandelt.

PES-Projekte und Rahmengesetzgebungen sind in vielen Ländern der Welt aus dem Boden gesprossen, als federführend gelten Mexiko und Costa Rica. Der größte Teil von PES-Projekten findet sich im Bereich Wasser. Beispiel: Ein regionales Wasserunternehmen zahlt an Landbesitzer, damit diese bestimmte landwirtschaftliche Praktiken (wie etwa Düngung mit Stickstoffen) unterlassen und so zur Bereitstellung sauberen Trinkwassers beitragen.

Die Konsequenzen für die jeweiligen Bevölkerungen, die in den zu schützenden Ökosystemen leben, sind in diesen verschiedenen Typen von PES genauso verschieden wie die Vorteile, die die Verschmutzer aus ihnen ziehen können. Darum hat sich um PES eine Debatte entwickelt; diese und Auswertungen von PES-Ansätzen lassen einige erste Schlussfolgerungen zu:

- Der Gebrauch des Begriffs PES ist äußerst unscharf und umfasst ganz verschiedene Ansätze.[83]
- Viele PES-Projekte sind keine marktbasierten Instrumente, sondern entsprechen eher klassischen und wohlbekannten Umweltsubventionen. Eine Studie über PES in Costa Rica spricht daher von »subsidies in disguise«.[84]
- Der überwältigende Anteil aller PES-Projekte – über 90 Prozent – wird mit öffentlichen Geldern finanziert.[85]
- Solche Subventionen beinhalten zwar Transferleistungen, diese beruhen aber nicht auf der Ermittlung eines Wertes von »Leistungen« der Natur.
- In den meisten PES-Projekten werden somit nicht Leistungen der Natur belohnt, sondern bestimmte menschliche Bearbeitungen der Natur durch monetäre Anreize beeinflusst.

Vielleicht ist bei PES die größte Innovation gar nicht die Praxis, sondern die Sprache, das »wording«. Im Ansatz der Ökosystemdienstleistungen bzw. PES wird Natur ökonomisch beschrieben und die logische Basis für Monetarisierung und marktbasierte Instrumente geschaffen und eingeschliffen.[86] Das bisherige Fehlen von Preisen und die Notwendigkeit der Schaffung von Märkten wird zu einem Mantra der ökonomisch-politischen Diskurse – ungeachtet der Tatsache, dass sich dahinter, wie gesagt, oft nur altbekannte Subventionen durch öffentliche Gelder verbergen.

Für eine konsequente Weiterentwicklung des PES-Ansatzes ist die monetäre Erfassung von Ökosystemleistungen ebenfalls wesentlich. Auch die Verfechter des Ökosystemansatzes geben – mit mehr oder weniger Emphase – zu, dass keineswegs alle Leistungen der Natur monetär zu erfassen sind; aber um neue Marktinstrumente oder Zahlungssysteme zu etablieren, ist für sie die monetäre Bewertung unabweislich, auch wenn deren mangelnde Perfektion bereitwillig eingestanden wird. Denn komplexe Funktionen von Ökosystemen sind schwer zu erfassen, die Ungewissheiten sind groß und regionale Kontexte mitentscheidend. Die Bereitstellung von sauberer Luft ist in Guangzhou eine andere Herausforderung als in Alaska. Trotz des Überbordens der ökonomischen Sprache: Märkte für Ökosystemleistungen existieren nicht oder sind regional beschränkt, so beispielsweise das »Habitat Banking«. Die einzige Hoffnung auf einen globalen PES-Mechanismus stellt das schon vorgestellte REDD (»Reducing Emissions from Deforestation and Forest Degradation«) dar, also das viel diskutierte Konzept, mit dem weltweit der Schutz von Wäldern als Kohlenstoffspeicher von allen finanziert werden soll. Doch bei diesem Mechanismus geht es, wie gezeigt, letztlich wieder um CO_2.

Von zentraler Bedeutung für die Debatte um die Ökonomisierung von Ökosystemdienstleistungen ist – so wie in der Klimadebatte – auch hier das bereits beschriebene »Offsetting«. Die Zerstörung von Biodiversität, also Natur, soll durch »Biodiversitäts-Offsetting« kompensiert werden. Biodiversitätsmärkte existieren bereits, der wohl wichtigste ist das »US Wetland Banking«. Werden etwa durch ein Bauprojekt Feuchtgebiete zerstört, kann der Bauherr, statt direkte Ausgleichsmaßnahmen zu finanzieren, »Offsets« kaufen, die durch die Restaurierung, Bewahrung oder Schaffung von Feuchtgebieten anderswo generiert worden sind. Feuchtgebiete haben einen Preis, der von örtlichen Gegebenheiten abhängt. Im Wetland Banking werden jährlich etwa ein bis zwei Milliarden US-Dollar umgesetzt. Das Ziel ist »No net loss«, das heißt, Verluste an einem Ort sollen durch Schutzmaßnahem an einem anderen Ort ausgeglichen werden, um bei »Netto-Null« zu landen. Die Parallelen zur Klimadebatte sind

Biodiversitäts-Offsets – das Beispiel Gabun

Am 1. August 2014 hat Gabun, ein kleines Land in Zentralafrika, ein Gesetz zur nachhaltigen Entwicklung verabschiedet, das »Sustainable Development Law« (SDL), das ein System zum Handel mit Umwelt- und Sozialkrediten schafft. Bisher geht es bei dem globalen Trend zur Flexibilisierung von Umweltgesetzgebungen durch Einführung von Marktmechanismen (zum Beispiel Biodiversitäts-Offsets) vor allem um den Ausgleich von Naturzerstörung. In Gabun hat man das nun einen Schritt weiter getrieben und will es auf die Rechte lokaler Gemeinschaften anwenden – auch eine Verletzung der Rechte durch die Ausbeutung natürlicher Ressourcen soll jetzt kompensierbar sein. (Die britische NGO Fern und die gabunische NGO Brainforest haben das neue Gesetz analysiert.)[87] Im Wesentlichen ist das »Sustainable Development Law« eine Rahmengesetzgebung, die noch weiter ausgearbeitet werden muss. Dies soll mithilfe von europäischen Beraterfirmen geschehen (darunter ECOCERT, ADETEF und Carbone 4), finanziert von der Europäischen Kommission. Das »Sustainable Development Law« schafft einen nationalen Markt zum Handel mit verschiedenen Zertifikaten: CO_2-, Biodiversitäts-, Ökosystem- und »Community Capital«-Zertifikate. Letztere werden definiert als die Summe aller natürlichen und kulturellen Werte, die einer Gemeinschaft gehören. Zertifikate können beispielsweise ausgegeben werden, wenn im Verlauf eines Entwicklungsprojektes CO_2 eingespart, Biodiversität erhalten oder Jobs geschaffen werden. Eine jährliche nationale Bestandsaufnahme soll den Gesamtwert der »Sustainable Development Assets«, also die Summe der Werte aller Zertifikate, erfassen, die dann in einem nationalen Register gesammelt werden, einer Art Inventar. Dies ist unabdingbar, um den Handel mit den Zertifikaten zu ermöglichen. Die Zertifikate sollen alle untereinander austauschbar gehandelt werden können. Damit könnte zum Beispiel der CO_2-Ausstoß eines Projektes durch den Bau einer Schule anderswo ausgeglichen werden und umgekehrt. Mit diesem System sind nicht nur schwerwiegende Probleme der Mess- und Umsetzbarkeit verbunden. Es widerspricht auch geltendem internationalen Recht. Gabun hat zahlreiche internationale Menschenrechtskonventionen unterzeichnet. Das Zertifikatesystem untergräbt fundamentale Rechte der lokalen Gemeinschaften an ihren natürlichen Lebensgrundlagen und ihrer Kultur. Gabun ist ein ressourcenreiches Land. Unter anderem gibt es große Eisenerzvorkommen, zum Beispiel das Belinga-Vorkommen, das zu den größten Lagerstätten der Welt gehört. Die Regierung will 2016 eine neue Lizenz vergeben. Viele internationale Rohstoffkonzerne und rohstoffabhängige Länder (zum Beispiel China) haben ein Auge auf diesen Reichtum geworfen. Ein Kompensationssystem für anfallende Schäden für Menschen und Natur infolge der Ressourcenausbeutung würde denen entscheidend entgegenkommen. Jedenfalls ist es viel praktischer, einen Scheck auszustellen, als sich an nationales und internationales Recht zu halten.[88] ■

weder zufällig noch unbeabsichtigt, sondern das Resultat konkreter Übertragungen politischer Ansätze und Instrumente – allerdings ohne erfolgte Reflexion über deren Wirksamkeit.

Für das Offsetting sind Messeinheiten erforderlich: »Wie Geldwährungen sollen auch Währungen für Biodiversität den Handel und Warenaustausch einfacher machen. Damit dies funktioniert, müssen sie tauschbar sein, d. h., für den Tausch gibt es eine fixe Einheit für Gewinn und Verlust. Regierungen, Rio Tinto und BBOP-Projekte[89] benutzen für die Gegenrechnung ›ExteNet X Condition currencies‹ […]. In diesen Währungen werden Quantität und Qualität vermehrt.«[90]

»Fungibilität«, also die leichte Austauschbarkeit von Gütern, ist hier das Schlüsselwort. Das obige Zitat stammt nicht von Kritikern, sondern von Nutzern der vorhandenen Biodiversitäts-Offsets. Nicht zufällig gehören dazu insbesondere die großen globalen Bergbaukonzerne. Das Offsetting erlaubt es ihnen, ihre Aktivitäten durchzuführen, zu einem erträglichen Preis. Offsetting ist ein Mechanismus, der ermöglicht, nicht begrenzt. Für das Ermöglichen ist ein Preis zu zahlen, und am Schluss sei alles ausgeglichen – »no net loss«.

Diese Ausgleichsidee, die aus der Praxis des Biodiversitäts-Offsetting stammt, wird immer mehr zu einem zentralen Bezugspunkt umfassender Politikansätze. (Der »No net loss«-Ansatz geht – wie schon skizziert – davon aus, dass Biodiversitätsverlust an einem Ort durch Biodiversitätserhalt bzw. -förderung an einem anderen Ort ausgeglichen werden kann.) Die EU erwägt jetzt im Rahmen ihrer Biodiversitätsstrategie 2020 eine mögliche neue Gesetzgebung zu Biodiversitäts-Offsets (die sogenannte »No Net Loss«-Initiative), welche bestehende Umweltrichtlinien aushebeln könnte. Das Ziel wäre »kein Netto-Verlust von Biodiversität« – ein wichtiger Unterschied zum bisherigen Ziel von »Kein Verlust«.[91]

Die Inwertsetzung von Ökosystemdienstleistungen, ihre monetäre Erfassung und die Schaffung von Handelssystemen, die der Kompensation von Naturzerstörung dienen, folgen also im Wesentlichen den als erfolgreich angesehenen Ansätzen in der Klimapolitik. Methodisch hinkt die monetäre Erfassung von Ökosystemdienstleistungen außerhalb der CO_2-Debatte noch mächtig. Aber das hindert diejenigen, die von Kompensationsmöglichkeiten profitieren, zum Beispiel die großen Bergbaukonzerne, nicht daran, ihre Weiterentwicklung und Umsetzung zu forcieren. Die sich daraus ergebenden Fragen nach Eigentumsrechten, Ressourcengerechtigkeit und sozial-ökologischer Gerechtigkeit liegen auf der Hand.

Wie dargestellt, sind im Kontext einer neuen Bewertung der Natur zahlreiche Mechanismen zur Berechnung und Verrechnung geschaffen worden. Fundamental ist dabei, dass Funktionen der Natur wie die Speicherung von CO_2 in Bäumen mit von Menschen gemachter Umweltzerstörung verrechnet werden können. Natur und menschli-

Die Wunder des Offsetings: Grünes Uran

Namibia ist ein Land mit artenreichen Ökosystemen – in denen aber auch beträchtliche Uranvorkommen lagern. Kein Problem, denn nun gibt es »grünes Uran«, dessen Abbau sogar positive Umwelteffekte produziert. Das zumindest suggerieren Minenbetreiber und Flora & Fauna International, eine der ältesten Umweltorganisationen der Welt. Biodiversitäts-Offsets sollen dies möglich machen. »Glücklicherweise haben die Bergbaugesellschaften in der Region das Konzept aufgegriffen. Rössing Uranium Ltd, unter dem Mandat von Rio Tinto, hat sich verpflichtet, einen netto positiven Ausgleich (›net positiv impact‹) auf die Biodiversität zu erreichen.«[92] Die Rössing-Mine ist eine der größten Uranminen der Welt, Rio Tinto einer der größten Minenkonzerne der Welt, ihm gehören 69 Prozent der Mine. Die Biodiversitäts-Offsets sollen offensichtlich den Abbau von Uran legitimieren und seine Durchsetzung politisch erleichtern. Eine Mine mit einer angeblich positiven Biodiversitätsbilanz ist besser zu legitimieren. Dass Umweltorganisationen dabei immer mehr zu Partnern von Unternehmen werden, die Bergbauprojekte betreiben, ist ein wichtiger, aber heikler Aspekt in der neuen Welt des Umweltschutzes mit Offsets. Natürlich ist es einleuchtend, dass Ausgleichsmaßnahmen bei unumgänglichen Projekten notwendig und sinnvoll sind, aber sie dienen auch dazu, bedenkliche Projekte zu legitimieren und zu ermöglichen; sie werden daher von kritischen Umweltorganisationen als Lizenz zur Zerstörung, als »licence to trash«, bezeichnet.[93] ■

che Aktivitäten sind durch Quantifizierung auf einen gemeinsamen Nenner gebracht worden. Aber es ist natürlich nicht die Natur, die in diesem Verrechnungsmodus erfasst wird. Es ist die quantifizierbare Natur, eine ganz bestimmte Konstruktion der Natur also. Dabei wird allein das, was zählbar ist, zu dem, was wirklich zählt. Neuere Entwicklungen von Ansätzen, die gar eine Fungibilität, also eine Austausch- und Handelbarkeit, nicht nur von Ökosystemfunktionen in verschiedenen Regionen oder Weltteilen oder zwischen verschiedenen Funktionen annehmen – zum Beispiel CO_2-Speicherfähigkeit gegen Bereitstellung von frischer Luft –, sondern eine Möglichkeit der Kompensation von ökologischen gegenüber sozialen Schäden, mögen zunächst als Ausnahmen gelten. Aber die vielfältige Praxis der Ökonomisierung der Natur in der Klimapolitik macht deutlich, dass wir uns längst auf einer schiefen Ebene befinden und ins Rutschen geraten. Die roten Linien – Notbremsen und Alternativen – kann nur die Politik definieren, nicht der Markt. Aber dazu bedarf es einer Repolitisierung der Umweltpolitik.

7

Fortschritt im Dienste der Grünen Ökonomie: Wird Innovation alles richten?

In jeder Transformationsstrategie und in allen grünen Ökonomiekonzepten nehmen technologische Innovationen eine Schlüsselstellung ein. Sie sind es, die die Ressourcenproduktivität erhöhen und knappe Ressourcen ersetzen sollen: Innovationen generieren neues Wachstum und lösen so das Versprechen der Grünen Ökonomie ein – grünes Wachstum wird möglich.

Ohne Zweifel, wir brauchen Innovationen! Ohne neue Ideen und Erfindungen treten wir auf der Stelle und werden die komplexen Herausforderungen der Zukunft nicht meistern. Doch die Frage ist: Wie können wir klug und effizient unsere gesamte Energiebasis auf Erneuerbare umstellen, ohne dabei neue ökologische und soziale Krisen hervorzurufen bzw. unseren Produktions- und Lebensstil auf Kosten von Menschen und Natur in anderen Ländern aufrechtzuerhalten? Und weiter: Wie gelingt der Sprung in eine »Zero Waste«-Ökonomie, die keinen Müll mehr produziert? Welche Anbaumethoden wappnen Kleinbäuerinnen und -bauern in den Tropen am besten gegen klimawandelbedingte Unsicherheiten? Welche Spielregeln brauchen wir, um aus einer Ökonomie der Profitmaximierung eine Wirtschaft zu gestalten, die sich an Bedürfnisorientierung, Teilen und Gerechtigkeit orientiert?

All das sind Fragen, in die noch lange nicht genügend Ressourcen – konzeptionelle, finanzielle und personelle – fließen. Sie könnten leitend sein für eine ganz neue Welle von Innovationen, um unsere

Wirtschaft und Gesellschaft zukunftsfähig, gerechter und »enkelinnentauglich« zu machen.

Doch leider verläuft die Innovationsdebatte im Mainstream der Grünen Ökonomie ziemlich eindimensional und wird ausschließlich von ökonomischen Parametern und Interessen bestimmt. Oft sorgen diejenigen, die den Innovationsbegriff für sich reklamieren, genau dafür: dass sozial gerechte und ökologisch langfristige Lösungen marginalisiert werden. Besonders deutlich wird dies beispielsweise in der Saatgutfrage. Eine Fülle an Saatgut – verbunden mit einer Fülle von kollektivem und lokal spezifischem (historischem) Wissen um Anbaumethoden – verspricht sehr viel mehr Innovationskraft und lokal anwendbare Lösungen als ein von einer Handvoll multinationaler Konzerne dominierter und patentierter Saatgutmarkt, in dem zum Beispiel 45 Prozent der privaten saatgutbezogenen Forschungsgelder in eine einzige Art, nämlich Mais, investiert werden.[94]

»Innovation« ist zu einem neuen Schlüsselbegriff geworden und hat »Fortschritt« als Leitidee wirtschaftlichen und politischen Handelns offensichtlich abgelöst. Innovation ist ohne Zweifel ein entscheidender Faktor, wenn die Große Transformation gelingen soll. Doch viele Protagonistinnen und Protagonisten der Grünen Ökonomie vertrauen technologischer Innovation beinahe blind. Kulturellen und sozialen Innovationen wird nicht annähernd die gleiche Aufmerksamkeit geschenkt. In der Ressourcen- und Effizienzrevolution durch neue Technologien liegt die größte Hoffnung. Mit ihnen soll insbesondere die Entkoppelung des Bruttosozialprodukts vom Ressourcenverbrauch gelingen.

Innovationen – so dringend sie sind – sind immer in ihren sozialen und ökologischen Umständen zu betrachten. Die Folgen neuer Technologien auf Mensch und Umwelt werden jedoch meist nicht mit Sorgfalt erhoben und zu wenig in einem politischen und demokratischen Prozess diskutiert. Im Falle von Großtechnologien wie dem Geoengineering oder der Synthetischen Biologie (auf beide kommen wir im Folgenden noch zu sprechen) sind die ökologischen, sozialen und wirtschaftlichen Folgen schlichtweg nicht absehbar. Deshalb ist es zwingend, sich genau anzusehen, wofür und für wen Innovationen entwickelt werden und wer letztlich von ihnen (und vom Glauben an sie) profitiert.

Hinzu kommt ein weiterer Aspekt: »Von ›Innovation‹ zu reden scheint vom ideologischen Ballast des ›Fortschritts‹ zu befreien und verlangt keine Anmaßung eines Urteils, ob das Neue nun gut oder schlecht sei. Für den Fetisch ›Innovation‹ ist einfach alles, was neu ist, gut. ›Innovation‹ kommt häufig inhaltsleer daher, ist aber nicht ideologiefrei.«[95]

Innovation wird immer wieder mit dem Versprechen auf Wachstum verknüpft. So definiert sich die EU in ihrer 2020-Strategie als »Innovationsunion« und verbindet damit drei Ziele: intelligentes Wachstum, nachhaltiges Wachstum und integratives Wachstum.[96]

Im Kontext der Grünen Ökonomie und in den Worten des New Climate Economy Report klingt das dann so: »Für Wirtschaftswachstum ist Innovation entscheidend, denn langfristig sind die Entwicklung von Produktivität und Wachstum abhängig von der Art der Innovationen … Für die Transformation der globalen Energiesysteme, der Landwirtschaft und der Großstädte – und überhaupt jeden Teil der Wirtschaft – ist dies von entscheidender Bedeutung … Durch Innovation ist es zudem möglich, dass die Wirtschaft in einer Welt endlicher Ressourcen weiter wächst.«[97]

Es geht nicht darum, ob »wir« oder die Gesellschaft für oder gegen Technik oder Innovationen sind. Niemand wünscht sich in die Zeit zurück, als Operationen ohne Narkose durchgeführt wurden. Erst in der zweiten Hälfte des 19. Jahrhunderts wurde die Anästhesie nach der »Entdeckung« des Äthers als Narkosemittel flächendeckend eingesetzt. In den wachstumszentrierten Ansätzen der Grünen Ökonomie geht es aber nicht um einzelne Innovationen und deren Wert, sondern um Innovationen als Prinzip und Heilsbringer. Diese werden zu notwendigen Bedingungen, damit grünes Wachstum überhaupt funktionieren kann.

Über Innovation und technologischen Fortschritt zu sprechen heißt, über Zukunft zu sprechen, und dies ist, wie wir wissen, ein unbekanntes Terrain. Umso bemerkenswerter ist es, mit welcher Sicherheit und frei von Zweifeln Innovation zum Allheilmittel gemacht wird. Unzweifelhaft haben wir in den letzten drei Jahrhunderten eine tief greifende Umwälzung erlebt, die mit fundamentalen Innovationen verbunden ist. Zu Recht ist bemerkt worden, dass ein Römer aus der Zeit um Christi Geburt, wäre er in das London des frühen 18. Jahrhunderts versetzt worden, eine zwar ungewohnte, aber doch auch nicht völlig unvertraute Umgebung vorgefunden hätte. Insbesondere der Verkehr beruhte weiterhin auf Menschen- und Pferdekraft. Dreihundert Jahre später aber wäre der alte Römer auf eine völlig andere Umwelt gestoßen. Elektrische Beleuchtung, U-Bahnen, Autos, Beton, Computer, Handys – all das sind Innovationen der letzten 300 Jahre.

Die industrielle Revolution ist vor allem eine Energierevolution, sie hat den Metabolismus zwischen Gesellschaft und Natur grundlegend verändert. Erst die massive Nutzung der fossilen Energie hat die rasanten Entwicklungen der Neuzeit ermöglicht und eine in der menschlichen Geschichte einmalige Wachstumsdynamik fundiert. Mit Recht kann man daher die Moderne auch als »Regime der fossilen Energien« bezeichnen. Ein entscheidender Durchbruch war die Förderung von Kohle durch Dampfpumpen. Durch den Einsatz von Kohle konnte immer mehr Kohle gefördert und schließlich auch die Erdölquellen erschlossen werden. Wirtschaft und Bevölkerung wachsen rasant auf einer Energiebasis, die in kürzester Zeit in Jahrmillionen aufgebaute fossile Vorräte in Form von Kohle, Öl und Gas erschließt und erntet.

Der Abschied von diesem Modell ist nicht weniger als der Abschied von der Basis der Entwicklung der letzten drei Jahrhunderte.[98]

Die Erschließung der fossilen Energieträger wiederum ist verbunden mit der weltweiten Ausbeutung von metallischen und mineralischen Ressourcen. Auf der Grundlage der verfügbaren großen Energiemengen werden Rohstoffe zur materiellen Grundlage der Entwicklung. Stahl und Zement spielen dabei eine herausragende Rolle. Schaut man auf die Entwicklung der letzten Jahrhunderte, wäre es daher ein Fehler, nur auf die Energiegewinnung zu schauen. Um das Versprechen von »Wachstum in einer Welt endlicher Ressourcen« (»growth in a world of finite resources«) einzulösen, muss nicht nur die Energiebasis unserer Zivilisation umgestellt werden, auch der Verbrauch an Materialien muss sich radikal ändern. Deshalb ist neben 100 Prozent erneuerbaren Energien – und mithin eine *Dekarbonisierung* – die *Dematerialisierung* das zweite Schlüsselkonzept für den Weg zu einer Grünen Ökonomie.

Unter den so griffigen Begriff »Innovation« werden ganz verschiedene und unterschiedliche Entwicklungen subsumiert – das soll im Folgenden an Beispielen verdeutlicht werden. So können wir vermeiden, in eine allgemeine und fruchtlose Debatte über »Innovation – Fluch oder Segen« zu geraten. Die Menschheit entwickelt sich, ändert ihre Produktionsweisen. Das ist zunächst ein reiner Fakt, doch ein genauerer Blick auf die Bilanz einiger Entwicklungen soll helfen, Potenziale und Grenzen von Innovation besser zu beurteilen.

Die Materialien der Welt, wie wir sie kennen: Stahl und Zement

Angesichts des Wirbels um neue Technologien, um IT und Digitalisierung sind Stahl und Zement geradezu Dinosaurier der Moderne, aber eben keine ausgestorbenen, sondern eher putzmuntere Veteranen des fossilen Zeitalters. Beiden gemeinsam: Ihre Herstellung ist energieintensiv; daher wurde ihre massive Verwendung erst im Zeitalter der billigen fossilen Energie möglich. Stahl und Zement sind nicht sexy, sie stehen wenig im Mittelpunkt öffentlichen Interesses, aber gerade deshalb ist ein Blick auf diese beiden Stoffe lehrreich. Mächtige Industrien haben in den letzten Jahrzehnten viel in Innovation investiert, um beide Stoffe umweltverträglicher herzustellen.

Zement und Beton (der zu etwa einem Drittel aus Zement besteht) sind das mit Abstand wichtigste menschengemachte Material der Moderne. Im Jahr 2012 wurden vier Milliarden Tonnen Zement produziert, 58 Prozent der Weltproduktion entfallen auf China. Aber auch Indien (Anteil von sieben Prozent) produziert mehr als Europa. Im Jahr 2001 betrug die Produktion in China noch 595 Millionen Tonnen. Während die Luftverschmutzung durch Zement durch

Grüner Stahl = Grüne Sünde

Die Stahlindustrie hat die Zeichen der Zeit erkannt und sucht nach Wegen, ihr schmutziges Produktionsmodell grün anzustreichen. In Brasilien kooperiert die Industrie mit der Regierung, um die bei der Stahlschmelze verwendete Kohle durch Biomasse zu ersetzen. Die Rechnung: Bei der Produktion einer Tonne Roheisen werden 1,9 Tonnen CO_2 emittiert. »Grüner Stahl« dagegen zieht 1,1 Tonnen CO_2 aus der Atmosphäre. Wie das funktioniert? Eigentlich gar nicht. Aber es wird – unter anderem durch UNEP – schöngerechnet. Verwendet wird nur Holz aus schnell wachsenden Eukalyptusplantagen, die die Stahlfirmen gleich selber besitzen und managen. Das spart den Konzernen nicht nur Kosten, denn Kokskohle ist teuer auf dem Weltmarkt. Durch den Austausch von Kokskohle durch Holzkohle erhoffen sich die Firmen auch die Generierung von CO_2-Zertifikaten, die sie dann weiterverkaufen können. Auch die EU will nicht hinterherhinken: 48 Unternehmen und Organisationen aus 15 europäischen Ländern haben sich zu einem Konsortium zusammengeschlossen: ULCOS – das steht für Ultra-Low Carbon Dioxide Steelmaking. Mitglied sind alle führenden Stahlunternehmen der Europäischen Union, Forschungseinrichtungen und Universitäten. Das Projekt wird von der Europäischen Kommission gefördert. Sie forschen vor allem zur Verwendung von Biomasse und zum Einsatz der CCS-Technologie.[99] Bei der Idee des »Grünen Stahls« handelt sich um eine echte »grüne Sünde«. Denn nicht berücksichtigt ist zum einen, dass die Bäume viel Zeit brauchen, um nachzuwachsen, um das bei der Verbrennung der Holzkohle emittierte CO_2 zu speichern. Außerdem benötigt man zur Erzeugung der gleichen Menge Energie mehr Biomasse als Kohle, denn Kohle ist ja über Millionen von Jahren verdichtete Biomasseenergie. Eukalyptusbäume sind darüber hinaus in Brasilien nicht heimisch und führen zu starker Übersäuerung von Böden. Monokulturplantagen wie diese sind zudem in Brasilien nicht nur mit großem Biodiversitäts- und Bodenfruchtbarkeitsverlusten verbunden, sondern oft auch mit Landnahmen, schlechten Arbeitsbedingungen und Vertreibungen. Dass selbst UNEP Holzkohle für »Grünen Stahl« als »CO_2-neutrale Energiequelle« bezeichnet, ist ein regelrechter Skandal.[100] ■

moderne Filter weitgehend in den Griff zu bekommen ist, bleibt die Zementproduktion einer der größten CO_2-Emittenten. Im Vergleich zum Produktionszuwachs konnten die Effizienzgewinne nicht mithalten. Hatte die Zementproduktion 1950 noch einen Anteil von einem Prozent an den globalen Emissionen aus der Verbrennung fossiler Energieträger, waren es 2010 fast fünf Prozent.[101]

Ähnlich sieht es beim Stahl aus: China ist für die Hälfte der weltweiten Stahlproduktion verantwortlich, es produziert weit mehr als die EU und die USA zusammen. Im Jahr 1990 lag die chinesische Produktion noch bei 66 Millionen Tonnen, 2014 waren es bereits mehr als 800 Millionen Tonnen. Im Vergleich: Die EU produzierte 2014 rund 170 Millionen Tonnen und die USA rund 88 Millionen Tonnen.[102]

Das Wachstum von Zement- und Stahlproduktion hat sich in den letzten 20 Jahren beschleunigt, also in einem Zeitraum, in dem das Klima- und Umweltproblem klar identifiziert und die Suche nach neuen technologischen Lösungen im vollen Gange war. Die »Klassiker« der menschengemachten Materialien des fossilen Zeitalters sind keineswegs durch neue Wunderstoffe ersetzt worden. Zement und Stahl sind nach wie vor die Basis der menschlichen Entwicklung in der Moderne. Bisher ist bei zentralen Materialien der Welt keine Tendenz zur Dematerialisierung sichtbar. Zweifelsohne verringern neue Technologien die Energieintensität bei der Herstellung dieser Stoffe. Aber die Industrie selbst ist nicht allzu optimistisch, was das Einsparpotenzial an CO_2-Emissionen angeht: »Die globalen CO_2-Emissionen von ThyssenKrupp werden dennoch v. a. durch die Produktions-

Welt-Rohstahlerzeugung 2012 und 2013
(in Millionen Tonnen)

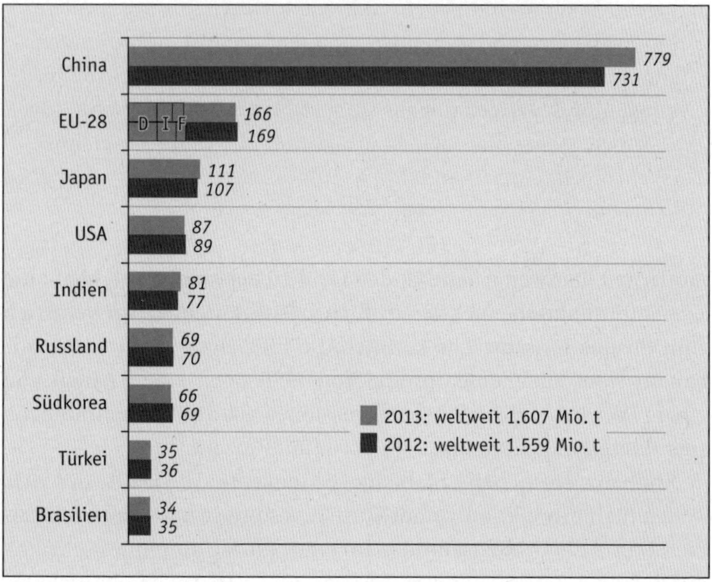

Quelle: World Steel Association

mengen an Stahl beeinflusst, da die Stahlproduktion rund 90 Prozent ausmacht. Durch den Einsatz der modernsten verfügbaren Technologien sind größere Reduktionen nicht mehr möglich. Der Anstieg der Emissionen ist v. a. auf eine höhere Stahlproduktion zurückzuführen.«[103]

Stahl- und Zementproduktion sind trotzdem in den letzten Jahren effizienter und sauberer geworden, aber sie wachsen unaufhörlich und verbrauchen immer mehr Energie. Kein Innovationswunder hat daran etwas ändern können. Und somit ist es auch nicht verwunderlich, dass die Stahlindustrie auf EU-Ebene und auch in Deutschland finanzielle und politische Hebel in Gang setzt – unter anderem durch die über den Lobbyverband Gesamtmetall finanzierte »Initiative Neue Soziale Marktwirtschaft« (INSM) –, das Erneuerbare-Energien-Gesetz (EEG) mit einer Lobbykampagne zu untergraben, um sich weiterhin Zugang zu billigem Kohlestrom und Ausnahmeregelungen auf dem Strommarkt zu sichern.

Das Auto – und einige Lektionen über Innovation, Macht und Kultur

Die Automobilindustrie ist eine Schlüsselindustrie für die Moderne, der berühmte Ford T2 geradezu ein Symbol der industriellen Gesellschaft. Der Aufstieg des Autos als Massentransportvehikel und Konsumgut ist unmittelbar mit der Geschichte des Öls verbunden. Erst die leicht verfügbare und relativ preiswerte Energiequelle Öl machte das Auto für breitere Bevölkerungsschichten erschwinglich. Kaum ein einzelnes Produkt dürfte die heutige Infrastruktur so stark geprägt haben wie das Auto.

Die Autoindustrie ist heute der bedeutendste Zweig des Industriestandortes Deutschland. Sie ist die Branche, die der »De-Industrialisierung« der letzten Jahrzehnte entgehen konnte. Deutschland ist heute viel mehr Autoland als noch vor zwanzig Jahren. Die Zahlen sind beeindruckend: Milliarden fließen jährlich in die Forschung zur Weiterentwicklung des Automobils. »Das Auto« – mit diesen prägnanten, knappen Worten wirbt VW auch in nicht deutschsprachigen Ländern für sein Produkt – ist auch ein Symbol für die Leistungskraft und Innovationsfreude des Industriestandortes Deutschland. BMW, Mercedes, Audi und Porsche stehen für modernste Technologien und Raffinessen im weltweiten Automarkt.

Gerade weil das Automobil ein Schlüsselprodukt moderner industrieller Produktion ist, eignet es sich gut als Fallbeispiel über die Leistungen und Grenzen von Innovation.[104] Mit Blick auf die Zukunft stellt sich aber doch die Frage: Wie ist die Automobilindustrie für eine Dekarbonisierung, für eine Dematerialisierung, für eine CO_2-arme und ressourcenschonende Zukunft aufgestellt?

Der Verkehr hat nach der Energiewirtschaft den größten Anteil an den deutschen CO_2-Emissionen.[105] Mit 20 Prozent übertrifft er

Kennzahlen der Automobilindustrie in Deutschland (2013)

Umsatz der deutschen Automobilindustrie	362 Mrd. Euro
Umsatzanteil Automobilindustrie an Gesamtindustrie	22 % (1991: 12,5 %)
direkt Beschäftigte in der Automobilindustrie	756.000 (2014: 785.000)
Anteil Beschäftigte Automobilindustrie an Gesamtindustrie	14 % (1991: 9 %)
direkt und indirekt Beschäftigte durch Auto	ca. 5 Mio. Euro
Handelsbilanzüberschuss Automobilindustrie (insgesamt)	120 Mrd. Euro (198 Mrd. Euro)
Anteil am gesamten Steueraufkommen	ca. 25 %
Investitionen bzw. interne F&E-Aufwendungen	14,4 bzw. 18,3 Mrd. Euro
Anteil Investitionen bzw. F&E an Gesamtindustrie	26 % bzw. 33 %

Quelle: VDA

die verarbeitende Industrie und die Haushalte. Mehr als die Hälfte aller verkehrsbedingten Emissionen entfallen auf den individuellen Personenverkehr. Und kein anderer Bereich hat bislang so wenig zur Minderung der Emissionen beigetragen wie der Verkehr. Die Emissionen aus dem Individualverkehr sind nur um fünf Prozent gesunken,[106] und um nur sechs Prozent gingen die Emissionen aus dem Gesamtverkehr zwischen 1990 und 2010 zurück. Das liegt in erster Linie daran, dass die Emissionen aus dem Güter- und Flugverkehr zugenommen haben. Zum Vergleich: Im weiterarbeitenden Gewerbe waren es 35 Prozent. Die Pkws sind natürlich sparsamer geworden, aber die Bilanz ist trotzdem wenig beeindruckend. Zwischen 2001 und 2010 ist der durchschnittliche Verbrauch von Pkws beim Benzin von 8,5 auf 7,9 Liter und beim Diesel von 6,9 auf 6,6 Liter gesunken – wahrlich kein Innovationswunder. Etwas besser fällt die Bilanz aus, wenn man nur die Emissionen der Neuwagen betrachtet, denn bei diesen ging der CO_2-Ausstoß zwischen den Jahren 2003 und 2014 (1. Halbjahr) von 175 Gramm pro Kilometer auf 134 zurück.[107]

Die insgesamt magere Bilanz hat einen Grund: Zwar werden die Motoren durch Innovationen immer sparsamer, aber dieser Effekt wird durch immer stärkere und schwerere Autos teilweise aufgehoben. Hatten die schweren SUV im Jahre 2000 noch einen Anteil von lediglich 2,9 Prozent an den Neuzulassungen, waren es 2014 bereits 17,9 Prozent, und die Autoindustrie geht davon aus, dass sich dieser Trend fortsetzt.

Im Jahr 2014 lag die Durchschnittsleistung eines in Deutschland neu zugelassenen Pkws bei 140 PS, ein Zuwachs von 47 Prozent in den letzten zwanzig Jahren.[108]

Autos werden zudem immer schwerer – verbrauchen also immer mehr Material. Der durchschnittliche deutsche Neuwagen wiegt inzwischen 1.484 Kilogramm. Das beliebteste Auto der Deutschen, der VW Golf, wiegt heute über 1.200 Kilogramm, angefangen hatte er mit 750. Der Trend ist weltweit festzustellen: In den USA wiegt ein Auto inzwischen im Durchschnitt rund 1.850 Kilogramm, zu Beginn des Autobooms im Jahre 1920 waren es lediglich 540 Kilogramm.[109]

Alternative Antriebe, die alle Energieprobleme lösen sollten, sind ein leeres Versprechen geblieben, fast alle Autos fahren nach wie vor mit Diesel oder Benzin. Dabei könnte die Bilanz ganz anders aussehen. Leichtere und sparsamere Autos sind keine technische Herausforderung und durchaus zu haben. Ebenso angeboten und erprobt sind gasbetriebene Fahrzeuge, die eine deutlich bessere CO_2-Bilanz aufweisen, doch sie fristen ein Nischendasein. Immer mehr Menschen wollen schwere und starke Autos – trotz des Klimawandels.

Bei der Entscheidung für ein Auto waltet bei vielen Menschen also weder der Homo oeconomicus noch der umweltpolitisch aufgeklärte Verbraucher. Autos sind offensichtlich zentraler Bestandteil einer »Kultur«. Entscheidungen sind geprägt durch kulturelle Muster. SUVs sind attraktiv, sie entsprechen einem männlichen Ideal, sie bedienen eine Kultur der Stärke und vertiefen Hierarchien in der Verkehrsordnung. Allerdings stieg der Anteil von Frauen bei den SUV-

Käufern auf über 20 Prozent. Die beliebtesten Autos bei Frauen sind aber die Kleinwagen VW Up und der Twingo.[110]

Autos sind ein Verkehrsmittel – aber eben nicht nur. Dies soll nicht – wie es die Autoindustrie immer wieder tut – die »Schuld« auf die Verbraucher abwälzen, weil sie ja die SUVs und die mit vielen PS aufgemotzten Autos fordern. Es ist die Autoindustrie, die sie herstellt und die mentalen Leitbilder produziert oder fördert, die in SUVs und kuriosen Boliden Gestalt annehmen. Außerdem schickt die Autoindustrie immer wieder ihre Lobbyisten los, um Reduktionsziele für Kraftstoffe aufzuschieben und aufzuweichen – und meistens erfolgreich wie beispielsweise beim Gesetz zur Einführung eines Effizienzlabels, das sie weitgehend selbst schrieb.[111] Vor allem aber geht es um enge Kontakte zur Politik bis auf höchste Ebene.[112] Wichtiger als die Klimaziele waren dabei immer die selbst definierte Wettbewerbsfähigkeit der deutschen Automobilindustrie und die Sicherung des Standortes Deutschland.

Innovation ist also erfolgt, und die Otto- und Dieselmotoren sind deutlich sparsamer geworden. Aber dieses Innovationspotenzial ist durch schwache Reduktionsziele und schwerere und leistungsstärkere Autos nicht annähernd ausgeschöpft, sondern konterkariert worden. Innovationen entwickeln sich eben nicht im luftleeren Raum, sondern werden modelliert durch Machtstrukturen, kurzfristige ökonomische Interessen und kulturelle Orientierungen. Aber was als Problem hinzukommt: Die bisherigen Innovationen bewegen sich im Rahmen des Individualverkehrs. Das bestehende Verkehrsmodell wird effizienter gemacht, aber nicht konsequent genug infrage gestellt oder gar überwunden. Eine »Verkehrswende« ist nicht in Sicht. Das gilt auch für die beiden großen neuen »Storys«, die nun von Politik und Industrie erzählt werden: das Elektroauto und die autonomen Fahrzeuge. Beide ermöglichen die Fortsetzung des aktuellen Modells mit neuen Mitteln – und der Innovationshorizont ist genau dadurch festgelegt.

In einem solchen Kontext anzunehmen, dass Technologieentwicklung neutral bleiben kann und nicht durch Interessen und Macht modelliert wird, ist wirklichkeitsfremd.

»Wenn ich die Menschen gefragt hätte, was sie wollen, hätten sie gesagt schnellere Pferde«, so hat Henry Ford mentale Pfadabhängigkeit prägnant beschrieben. Genau dies trifft heute auf die Auto- oder die Flugbranche zu. Von ihnen können wir schnellere oder auch sparsamere Vehikel erwarten, aber kein anderes Verkehrsmodell.

Die Markt- und Technologiefixiertheit der Grünen Ökonomie schließt andere Fragestellungen tendenziell aus. Will man »die flächendeckende Machtergreifung des Autos«[113] zurückdrängen, dann braucht man andere Rahmenbedingungen und politische Richtungsentscheidungen. Kein technologischer Fortschritt, kein Marktmechanismus führt automatisch dahin. Oder anders gesagt: Verlässt man sich auf den von der Technologie und dem Markt gepflasterten Weg, dann sind bestimmte Entscheidungen bereits gefällt: nämlich die, den Pfad nicht zu verlassen, ihn weiter zu gehen, ihn höchstens zu »entkarbonisieren«.

Die Aufgabe, »immer effizientere Autos« zu bauen, ist etwas ganz anderes als die systematische Förderung des ÖPNV, das Zurückdrängen des Autos in zentralen Bereichen unserer Städte oder eine Strategie, die auf Vermeidung und Reduzierung des Pkw-Verkehrs ihre Priorität legt. Eine solche Option braucht gewiss eine andere Ausgangsposition, als sie die wohl mächtigste Industrie Deutschlands bietet, die mit den mentalen Strukturen und Wünschen großer Teile der Bevölkerung kurzgeschaltet scheint.

Grenzen der Effizienz und die Illusion der Entkoppelung

Viele der hier dargestellten Tendenzen werden auch unter dem Begriff »Rebound-Effekt« diskutiert: Effizienzgewinne führen zu Ersparnissen, die oftmals zu anderen ressourcenintensiven Ausgaben führen, die die Einspar- und Effizienzeffekte wieder zunichtemachen. So könnte zum Beispiel jemand die Ersparnis, die er durch ein verbrauchsarmes Fahrzeug hat, für eine Flugreise nach Paris nutzen. Dies bezeichnet man als indirekten Rebound-Effekt. Ein direkter liegt dann vor, wenn die höhere Energieeffizienz erst die Anschaffung bestimmter Güter induziert: Endlich wird ein Wäschetrockner gekauft, weil die neue Generation der Geräte nicht mehr so viel Energie verbraucht, oder es wird nun eine Beleuchtung im Garten mit Energiesparlampen installiert. Der Rebound-Effekt relativiert den Erfolg von Effizienzstrategien, das ist inzwischen allgemein anerkannt. In welchem Ausmaß, das wird allerdings sehr unterschiedlich gesehen, und die Berechnungen sind nicht unumstritten. Eine Studie im Auftrag der EU geht davon aus, dass der direkte Rebound-Effekt etwa zehn bis 30 Prozent der Effizienzgewinne »auffrisst«.[114] Der Ökologieexperte Tilman Santarius kommt zu einer anderen Schlussfolgerung: »Aus mehreren Meta-Studien [...], die hunderte von Einzelstudien zum Rebound-Effekt zusammenfassen und auswerten, kann abgeleitet werden, dass Rebound-Effekte langfristig mindestens 50 % des Einsparpotentials von Effizienzmaßnahmen aufzehren werden.«[115]

Man mag sich über die genauen Zahlen streiten; wichtig ist, dass der Rebound-Effekt ein Kübel kaltes Wasser für alle ist, die glauben, durch größere Effizienz und grünes Wachstum alleine die absolute Entkoppelung zu erreichen. Was wäre zum Beispiel die Konsequenz, wenn das von Renault vorgestellte Ein-Liter-Auto[116] eine erschwingliche Realität würde? Möglicherweise käme es zu einer massiven Erhöhung der Absatzzahlen und noch mehr Autos. Aber ist es das, was wir wollen?[117]

Effizienzgewinne alleine werden nicht ausreichen, das ist durch die Debatte um den Rebound-Effekt deutlich geworden. »Effizienter, anders, weniger« – so müsste der neue Dreiklang heißen.

Die Debatte um den Rebound-Effekt aktualisiert damit die zentrale Frage im Kontext von Innovation und Wachstum: Kann unser Wohlstand weiter wachsen, ohne dass der Verbrauch an Ressourcen und der CO_2-Ausstoß zunehmen? Anders gefragt: Ist die Entkoppelung von Wachstum und Verbrauch möglich? Bei der Beantwortung dieser Frage ist die Unterscheidung zwischen relativer und absoluter Entkopplung wichtig. Bei Letzterer müsste der Verbrauch nicht nur langsamer steigen als das Wachstum, sondern sogar in absoluten Zahlen sinken. Das Dilemma lässt sich gut am Beispiel privater Haushalte zeigen: Zwar sind in den letzten Jahren Elektrogeräte immer effizienter geworden, aber dennoch stieg der Energieverbrauch, weil immer mehr Geräte angeschafft wurden. Ohne Zweifel ist eine relative Entkoppelung möglich, und sie passiert bereits. Das zeigen etwa die Zahlen zur CO_2-Intensität des Bruttoinlandsprodukts (BIP).[118] Am Beispiel der CO_2-Intensität hat der Ökonom Tim Jackson eine kleine »Zahlenlehre des Wachstums« entwickelt.[119] Jackson zeigt, dass die Kohlenstoffintensität von 768 (Weltdurchschnitt) auf 36 im Jahre 2050 sinken müsste, wollte man die Erderwärmung auf 2 °C beschränken. Das bedeutet, dass die Intensität pro Jahr um sieben Prozent sinken müsste, also zehnmal schneller, als dies derzeit in Deutschland der Fall ist. Und dieses Szenario berücksichtigt noch nicht, dass große Teile der Welt Einkommenszuwächse erzielen müssen, um Armut zu überwinden. Jackson rechnet vor, dass die Kohlenstoffintensität auf 14 sinken müsste, gesteht man der Welt im Jahre 2050 ein Einkommen auf dem EU-Niveau von 2007 zu. Jackson hat seine Zahlen 2009 vorgelegt. Im Jahr 2014 kommt die Consulting-Firma PricewaterhouseCoopers (pwc) – jeglicher radikaler Wachstumskritik unverdächtig – zu ganz ähnlichen Ergebnissen.[120] Laut pwc müsste die Weltwirtschaft auf eine Verringerung der Kohlenstoffintensität von 6,2 Prozent pro Jahr kommen, um das Klimaziel zu erreichen. Die letzten Zahlen (2013) zeigen eine Rate von nur 1,2 Prozent. Und in jedem Jahr, in dem wir nicht auf 6,2 Prozent kommen, steigt der Wert für die folgenden Jahre. Obwohl also Fortschritte erreicht worden sind, ist auch in den letzten sechs Jahren die Lücke zwischen dem, was wir erreichen, und dem, was wir tun müssten, größer geworden – das stellt pwc deutlich heraus. Und dies alles nach Jahren intensiver Politik zu Reduzierung des Ausstoßes von CO_2 und Erfolgen bei der Erhöhung von Effizienz.

Zu einer ganz ähnlichen Schlussfolgerungen kommt der Umweltwissenschaftler Vaclav Smil, der 2014 eine monumentale und sehr aktuelle Übersicht über die Materialien der modernen Welt, das Buch *Making of the Modern World*, vorgelegt hat: »Innovation macht unsere Produkte energieeffizienter – aber dann konsumieren wir so viel mehr Produkte, dass wir keine De-Materialisierung von irgendetwas haben. Wir verbrauchen mehr Stahl, mehr Aluminium, mehr Glas und so weiter. Solange wir uns auf einem endlosen Materialkarussell bewegen, kann technologische Innovation nicht Schritt halten.«[121]

Die Zahlenlehre des Wachstums zeigt, dass für die Annahme, Wachstum sei bei absoluter Reduzierung des CO_2-Ausstoßes und des Ressourcenverbrauches möglich, ein Optimismus notwendig ist, der fast an den Glauben an Magie grenzt. Natürlich ist relative Entkoppelung möglich, aber sie reicht eben nicht aus, um Klimaziele zu erreichen. »In Wahrheit gibt es kein überzeugendes Szenario, das für eine Welt mit neun Milliarden Bewohnern stetig wachsende Einkommen mit sozialer Gerechtigkeit und ökologischer Nachhaltigkeit verbindet.«[122] Diese Aussage wird durch die neuen Zahlen bestätigt.

Daher ist der Ausgangspunkt der Grünen Ökonomie, Wachstum und Innovation zu postulieren und jegliche Problematisierung des Wachstums wegzuwischen, bedenklich. Sollten wir nicht stattdessen fragen: Wie können wir ökologische Nachhaltigkeit und (größere) soziale Gerechtigkeit erreichen? Was muss dafür wachsen? Was sollte dafür eher nicht wachsen? Fragen, die seit 30 Jahren in der Umweltökonomik diskutiert und von grüner Politik aufgegriffen und für einzelne Sektoren auch durchdacht werden (Energie-, Agrar- und Verkehrswende). In der politischen und diskursiven Auseinandersetzung um internationale Klima- und Ressourcengerechtigkeit gibt es ebenfalls eine Vielzahl von Ansätzen, die spätestens seit dem Erdgipfel in Rio de Janeiro 1992 betonen, dass der globale Norden umsteuern und schrumpfen muss, damit Entwicklung und Wachstum im globalen Süden angesichts von Klimawandel und knapper werdender Ressourcen überhaupt noch möglich ist. Diese Diskussion werden wir hier jedoch nicht vertiefen können.[123]

Landnutzung – eine neue grüne Revolution

Landwirtschaft nimmt für alle Entwürfe einer nachhaltigen Zukunft oder einer Grünen Ökonomie eine Schlüsselstellung ein. Die Notwendigkeit, das fossil basierte Energiemodell auf erneuerbare Quellen umzustellen, stellt gerade die landwirtschaftliche Produktion, die

Forstwirtschaft, die gesamte Landnutzung vor neue und kolossale Herausforderungen. Es geht um die Ernährungssicherheit von neun Milliarden Menschen, die nach Schätzungen der UN im Jahr 2050 auf der Erde leben werden. Leider wird dieser Umstand häufig als Schreckensszenario bzw. als Begründung ins Feld geführt, um die agroindustrielle Intensivierung der Landwirtschaft und die Ausweitung der Flächen voranzubringen. Bei den Strategien der Landnutzung steht in der Regel nicht die Ernährungssicherheit für die Armen und Hungernden der Welt im Vordergrund,[124] sondern die Frage, wie die wachsenden Konsumansprüche der neuen globalen Mittelschicht bedient werden können. Sie haben die Kaufkraft. Mit ihnen lässt sich mehr Geld verdienen. Wir erleben in vielen Weltregionen, wie fossile Energieträger durch Biomasse ersetzt werden. Die Folge: Anbauflächen werden für Agrartreibstoffe und Stromerzeugung ausgeweitet. Landwirtschaft liefert aber auch, zusammen mit der Forstwirtschaft, wichtige Rohstoffe (Biomasse) unter anderem für die chemische Industrie.

In Deutschland hat die Biomasse einen großen Anteil am Energiemix. Das wird oft unterschätzt. Aus Biomasse wurde 2013 fast genauso viel Strom erzeugt, nämlich 47,3 Terawattstunden (TWh), wie durch Windenergie, da sind es 51,7 TWh. Aber Biomasse leistet auch den Löwenanteil an erneuerbaren Energien für die Wärmeerzeugung. Feste Biomasse und Biogas sind dabei für 104,5 TWh verantwortlich, die Solarthermie bringt es nur auf 6,8 TWh. Und Biomasse leistet darüber hinaus einen Beitrag zur Kraftstofferzeugung, allerdings hier mit leicht sinkender Tendenz. Im Jahr 2013 hatten Agrartreibstoffe (das Umweltbundesamt bezeichnet sie als »Biotreibstoffe«) einen Anteil von 5,5 Prozent, was aber immerhin noch 34,3 TWh bedeutet.[125]

Schaut man nicht nur auf die Stromerzeugung, sondern auf den Beitrag der erneuerbaren Energien zur gesamten Energieerzeugung, dann trägt der leicht archaisch anmutende Energieträger Holz mehr bei als die Windenergie: In der EU-27 ist Holz für 38,9 Prozent[126] der nachhaltigen Energien verantwortlich, weltweit sind es 70 Prozent, während es die sonstige Biomasse nur auf sieben Prozent bringt.[127]

Dieser also schon bestehende erhebliche Anteil von sogenannten nachwachsenden Rohstoffen würde sich in allen Szenarien der Grünen Ökonomie noch ausweiten. Und nicht nur das: Auch Wind- und Sonnenenergie, deren Ausbau eine Schlüsselstellung innehat, benötigen Flächen. Die Abkehr von der fossilen Energie wertet landgebundene Energieträger auf. Das ist die bisher deutlich feststellbare Tendenz, und sie wird sich fortsetzen. Die Frage also, wie Land genutzt wird, gewinnt neue Dimensionen und Konfliktlinien. Wie angesichts dieser Entwicklungen die Ernährung der Menschheit gesichert werden kann, ist eine zentrale Zukunftsaufgabe.

So offensichtlich die Herausforderung ist, so vorhersehbar sind die Antworten im Mainstream der Grünen Ökonomie: Eine neue grüne Revolution muss her. Der Bezug auf die historische grüne Revolution ist gewollt. Sie wird immer wieder als Beispiel zitiert, um die Möglichkeit drastischer Ertragssteigerungen in der Landwirtschaft zu illustrieren. So heißt es im New Climate Economy Report: »Ein Großteil der Fortschritte, die wir seit den verheerenden Hungersnöten der 1970er-Jahre in Asien und Afrika gemacht haben, kommt von der außerordentlichen Produktivitätssteigerung im Agrarbereich, zu der es durch die ›Grüne Revolution‹ kam, d. h. durch den konzertierten, jahrzehntelangen Versuch, die Landwirtschaft in den Entwicklungsländern zu modernisieren. Sehr ertragreiche Reis-, Weizen- und Maissorten wurden entwickelt und im großen Stil verbreitet, und der Einsatz der landwirtschaftlichen Produktionsfaktoren wie Bewässerung und Düngung stieg. In Asien hat sich seitdem der Ertrag von Reis fast verdoppelt, der von Weizen fast verdreifacht.«[128] Dass sich diese Aussage nicht auf wissenschaftliche Quellen bezieht, sondern als Tatsachenbehauptung daherkommt – als Beleg dient ein Verweis auf einen Artikel in der Zeitschrift *The Economist* –, zeigt, dass es nicht um eine wissenschaftliche Debatte, sondern um einen Kampf der Narrative geht.

Ertragssteigerungen pro Hektar durch neue Sorten und erhöhten Input – das ist in Kurzform die angebliche Erfolgsstory der Grünen Revolution. Das blendet aber viele Fragen aus. Die historische Grüne Revolution basierte auch und gerade auf einem signifikant erhöhten Einsatz von synthetischem Dünger, verbunden mit einem großen Input fossiler Energien, mit der Folge einer drastisch gestiegenen Stickstoffbelastung. Man kann die Grüne Revolution auch als eine Anreicherung der Bodenfruchtbarkeit durch fossile Ressourcen sehen – schon dies macht deutlich, dass eine Strategie, die gerade fossile Ressourcen ersetzen will, eben nicht am Erbe der Grünen Revolution ansetzen kann. Der erhöhte Einsatz von synthetischem Dünger war entscheidend für den Erfolg der Grünen Revolution. Sie ist damit auch ein Beispiel, dass es nicht immer die sogenannten Win-win-Lösungen, sondern je nach technologischer Innovation neue Dilemmata und negative soziale und ökologische Effekte geben kann. Die weltweit enorme Steigerung der Hektarerträge (nicht nur im Einflussbereich der Grünen Revolution) korreliert mit einem enormen Anwachsen des Stickstoffeinsatzes (als Düngemittel) in der Landwirtschaft und hat damit zu einer der schwerwiegendsten Umweltbelastungen in der Welt geführt und moderne Landwirtschaft an den Einsatz fossiler Energie gebunden.

Nun will eine neue »Grüne Revolution« die Erhöhung der Hektarerträge wiederholen, wieder mit verstärktem Input, etwa durch den massiven Einsatz von Pflanzengiften, kombiniert mit genetisch veränderten Pflanzen. Die Genindustrie wird nicht müde, ihre Rolle als Kämpferin gegen den Hunger zu proklamieren. Die Fixierung auf die Steigerung von Hektarerträgen blendet aber andere, entscheidende Fragen völlig aus: Wer produziert wie und was für wen? Welche Bedürfnisse nehmen wir als gegeben an, und wie viel Lebensstil ist verhandelbar? »Die Landwirtschaft erzeugt derzeit etwa ein Drittel mehr Kalorien, als für die Versorgung aller Menschen rechnerisch benötigt wird – und noch wächst die Lebensmittelproduktion schneller als die Weltbevölkerung.«[129] Hunger ist also nicht primär ein Problem der Produktion, sondern des Zugangs zu Lebensmitteln und Land. Nicht nur ist Land ungleich verteilt, auch der Landbedarf für die Ernährung ist sehr unterschiedlich.

Europa ist für seine Ernährung davon abhängig, Land außerhalb seiner Grenzen zu nutzen – und zwar in gigantischem Ausmaß. Dies liegt in erster Linie am Import von Fleisch und Futtermitteln. Der enorme Flächenverbrauch für die Fleischerzeugung ist der weiße Elefant im Raum – er ist unübersehbar, wird viel diskutiert, aber die

Haber-Bosch und die Grüne Revolution

Kaum eine Erfindung war wohl so einflussreich wie die künstliche Ammoniaksynthese durch Fritz Haber und Carl Bosch. Mit dem Haber-Bosch-Verfahren wurde die industrielle Herstellung von Stickstoff möglich, die große Karriere des Kunstdüngers begann. Kunstdünger wurde zur wichtigsten Säule der modernen Landwirtschaft und ihrer enormen Produktivitätssteigerung im 20. Jahrhundert.

Im Mittelpunkt des kollektiven Gedächtnisses einer breiten Öffentlichkeit steht aber eher die Grüne Revolution der 1960er- und 1970er-Jahre, die nicht nur ein landwirtschaftlicher, sondern auch ein kommunikativer Erfolg war. Ihr »Vater«, der Agronom Norman Borlaug, erhielt 1970 den Nobelpreis, aber nicht den für Chemie wie Haber und Bosch, sondern den Friedensnobelpreis. Borlaug soll Millionen Menschen vor dem Hungertod gerettet haben, so kann man es immer wieder lesen, und im Kontext der Grünen Ökonomie sind die Bezüge auf die historische Grüne Revolution häufig präsent. Kern der Grünen Revolution ist die Entwicklung von Hochertragssorten (»high yield varieties«), besonders berühmt wurde IR8 als Wunderreis. Die Erfolgszahlen sind beeindruckend. In Indien verdoppelte sich die Produktion von Reis zwischen 1965 und 1980, in Indonesien stieg der Hektarertrag von 1,3 (1960) auf 4,3 Tonnen (1994).[130] Gleichzeitig stieg aber auch der Einsatz chemischer Düngemittel sprunghaft an: in Indonesien von 25 (1975) auf mittlerweile 150 Kilogramm pro Hektar. Die Hochertragssorten funktionieren in der Regel nur zusammen mit synthetischer Düngung und Bewässerung. Die indische Ökologin und Frauenrechtlerin Vandana Shiva hat daher vorgeschlagen, eher von »high responsive varieties« zu reden, da die Leistungen nur im Zusammenspiel mit dem Dünger erreicht werden. Die umstrittene Erfolgsgeschichte der industriellen Landwirtschaft ist jedenfalls kein simples Wunder neuer Züchtungen, sondern ein komplexer Prozess, in dem Saatgut, Mechanisierung, Düngung und Bewässerung zusammenspielen. Bis heute wird die Grüne Revolution sehr unterschiedlich bewertet und erregt die Gemüter: »Diese Agrarrevolution hat einerseits die landwirtschaftlichen Erträge vervielfacht und Lebensmittel verbilligt, anderseits aber Landwirtschaft von fossilen Energiequellen abhängig gemacht und in eine große Umweltverschmutzerin verwandelt.«[131]

Reis, das Flaggschiff der Grünen Revolution, zeigt aber auch, dass Alternativen möglich sind. Das »System of Rice Intensification« (SRI) ist weltweit die wohl wichtigste Erfahrung in einer ökologisch inspirierten landwirtschaftlichen Modernisierung, die versucht, mit wenig Eintrag Hektarerträge zu steigern. Es ist ein Beispiel, dass Innovation auch ganz anders gedacht werden kann – allerdings ist es auch kein Wundermittel: »Auf SRI umzusteigen kostet Mut, gerade wo die Existenz der Familie von der Ernte abhängt. Die Methode ist arbeits- und wissensintensiv und das Bewässern zum optimalen Zeitpunkt für viele Kleinbauern schwer umzusetzen. Dennoch praktizieren vier bis fünf Millionen Bauern in über 50 Ländern SRI. In China und Indien werden sie dabei von den Behörden gefördert. ›SRI ist beispiellos, da wenige Innovationen bisher so unerwartete Produktivitätssprünge gezeigt haben. Ebenso überraschend ist, dass wir auf internationaler Ebene trotz wenig Unterstützung und sehr viel Widerstand vorangekommen sind‹, sagt Uphoff.[132] Widerstand kommt v. a. aus dem von der Weltbank verwalteten Reisforschungsinstitut International Rice Research Institute (IRRI) auf den Philippinen. SRI sei zu arbeitsaufwändig, die Ertragssteigerungen nicht ausreichend belegt, heißt es dort. Auch Saatgut- und Agrochemiekonzerne sind keine Fans einer Methode, die ihnen Kunden abspenstig macht. SRI breitet sich dennoch weiter aus. Über 300 wissenschaftliche Publikationen gibt es mittlerweile dazu.«[133] ■

Politik zieht daraus keine Konsequenzen. Keine einzelne Maßnahme würde einen größeren Beitrag zur Entlastung landwirtschaftlicher Flächen leisten als die Verringerung des Fleischkonsums. Zudem ist da weiteres Wachstum nicht wirklich vorstellbar. Die Fixierung auf die Steigerung von Hektarerträgen blendet neben all der ökologischen Folgen aus, dass eine neue Grüne Revolution mit ihren neuen Technologien ein sozial geformtes Modell der Landnutzung voraussetzt, das auf extremen Ungleichheiten beruht und das diese noch verschärfen wird.

Kein Wunder – nirgends?

Die Hoffnung, dass all unsere Probleme durch eine neue Supertechnologie gelöst werden können, ist nicht neu; und auch bisherige Enttäuschungen haben solche Erwartungen nicht aus der Welt schaffen können. Auch weniger radikale Zukunftsvisionen sind oft immer noch von technologischen Heilserwartungen geprägt.

Die moderne Mutter aller technologischen Heilserwartungen ist sicherlich die Nutzung der Atomspaltung zur Energiegewinnung. Im Jahr 1956 veröffentlichte Gerhard Löwenthal – später bekannt als Moderator des rechtslastigen ZDF-Magazins – ein Buch unter dem symptomatischen Titel: *Wir werden durch Atome leben*. Die Begeisterung für die Atomtechnologie kannte keine politischen Lager. Ernst Bloch, aus der DDR geflohener marxistischer Philosoph, kam sogar ins Schwärmen: »Die Atomenergie schafft aus der Wüste Fruchtland, aus Eis Frühling. Einige hundert Pfund Uranium und Thorium würden ausreichen, die Sahara und die Wüste Gobi verschwinden zu lassen, Sibirien und Nordamerika, Grönland und die Antarktis zur Riviera zu verwandeln.« Und auch die SPD träumte von viel mehr als von billiger Energie: »Atomenergie kann zu einem Segen für Hunderte von Millionen Menschen werden, die noch im Schatten leben«, hieß es im SPD-Atomplan von 1956. Durch die »Hebung des Wohlstands für alle kann die Atomenergie entscheidend helfen, die Demokratie im Innern und den Frieden zwischen den Völkern zu festigen«.[134]

Die Nachkriegszeit wurde zum Atomzeitalter ausgerufen, der Begriff schaffte es sogar bis in die Präambel des Godesberger Programms der SPD von 1959.[135] In der BRD wurde ein Atomministerium eingerichtet, der erste Minister hieß Franz Josef Strauß. Im Jahr 1958 stellte Ford den Nucleon vor, den Prototyp eines atomgetriebenen Pkw, in Europa machte Simca das Gleiche mit dem futuristischen Fulgur. Schon 1955 sah die Welt die Sowjetunion kurz davor, einen atomgetriebenen Lastwagen auf der Basis des »eisernen Bison«[136] zu produzieren.

Heute erscheinen solche Pläne lächerlich; aber es ist gut, sich daran zu erinnern. Dennoch, es wäre falsch, die Geschichte der Atomenergie auf ein Scheitern großer Erwartungen zu reduzieren. Die Erzeugung von Energie durch Atomspaltung ist technologisch umgesetzt worden, und die Atomenergie hat einen wichtigen, wenn auch nicht entscheidenden Platz in der Energieversorgung der Welt erobert. Nach den Zahlen des Energy Outlook 2014 liegt der Anteil der Atomenergie an der weltweiten Stromerzeugung bei elf Prozent, aber es waren schon einmal 18 Prozent.[137]

Frankreich hat in wenigen Jahren eine der eindrucksvollsten Energiewenden in der Geschichte der Menschheit vollzogen: Zwischen 1979 und 1990 stieg der Anteil der Atomenergie an der Stromerzeugung von 20 Prozent auf 75 Prozent. Aber trotz beeindruckender Erfolge, technologischer Ausreifung und weltweiter Verbreitung hat die Atomenergie nicht den großen Durchbruch geschafft. Das hat mehrere Gründe: Die Anfälligkeit der Technik für Unfälle ist brutal unterschätzt worden, genauso war es mit den Kosten. Atomkraftwerke sind in der Erstellung extrem teuer, produzieren gefährliche Abfälle, für die es keine Entsorgung gibt. Für die Versicherungswirtschaft ist das ein Albtraum. Atomenergie war somit bald nicht mehr als Wunderwaffe der Moderne zu propagieren, sondern bestenfalls als problematisches Werkzeug. Die Probleme wurden offensichtlich in der ersten Phase der Entwicklung deutlich unterschätzt oder verschwiegen. Dennoch ist die Geschichte der Atomkraft keineswegs beendet, aber selbst die durchaus atomfreundliche Internationale Energieagentur (IEA) sieht nur ein begrenztes Potenzial für deren Zukunft.

Das Heilsversprechen der Atomenergie ist noch nicht ganz Vergangenheit, es lebt in der Hoffnung auf die Kernfusion weiter. Wieder träumen deren Befürworter von einer sauberen, unerschöpflichen Energiequelle. Ein einziges Gramm der eingesetzten Wasserstoffsorten Deuterium und Tritium soll so viel Energie liefern wie elf Tonnen Kohle. Die Forschungsanlage ITER in Frankreich gilt als das teuerste Forschungsprojekt der Welt, aus ursprünglich geplanten 4,5 Milliarden Euro sind inzwischen 15 Milliarden geworden. Doch weiter ist ungewiss, ob die Kernfusion jemals in großem Umfang und zu marktgerechten Kosten Energie produzieren kann.

Ein keineswegs intendierter Aspekt in der Geschichte der Atomkraft aber ist die Tatsache, dass sich gegen sie die wohl wichtigste Umweltbewegung herausgebildet hat. Nahezu überall, wo Atomkraftwerke gebaut wurden, hat sich Widerstand entwickelt. Dies hatte niemand vorausgesehen, aber es ist eine wichtige Lektion für jeglichen Ansatz, der auf technologische Innovationen fixiert ist: Es gibt den subjektiven Faktor, nicht nur eine Machtkonstellation – Technologien treffen oftmals auf Widerstand, und dieser Widerstand ist nicht nur das ohnmächtige Aufbäumen gegen einen unabwendbaren Fortschritt, sondern hat oftmals Erfolg und beeinflusst zumindest die Umsetzung von Innovationen.

Das gilt keineswegs für alle Technologien: Das Handy hat sich trotz einiger Skepsis und kulturpessimistischen Nasenrümpfens durchgesetzt, und kaum noch jemand bevorzugt einen Schwarz-Weiß-Fernseher. Doch gerade mit Risiken behaftete Technologien sind Gegenstand gesellschaftlicher Debatten geworden. Das gilt nicht nur für die Atomenergie. Auch die Gentechnik ist extrem umstritten. Beide Technologien sind mit einem Produktionsmodell verbunden: Die Atomindustrie kann nur mit Großprojekten, massiver staatlicher Unterstützung und großen Energieunternehmen umgesetzt werden; und die Gentechnik produziert nicht nur Nahrungsmittel, sondern benötigt auch den großflächigen Anbau von Monokulturen und die Vermarktung bestimmter Technologien, durch die die großen Agrarfirmen Vorteile erzielen. Technologien sind nicht einfach nur neutrale Instrumente, sie sind Ausdruck von Machtverhältnissen, sie bestimmen und beeinflussen Entwicklungspfade und sind gerade deshalb und zu Recht umstritten.

Eine weitere Technologie, die mit großen Hoffnungen und Versprechungen gestartet ist, ist die Nanotechnologie. Das liegt zum einen an den Möglichkeiten der Technik selbst, zum anderen aber auch an den wortgewaltigen Ankündigungen von Eric Drexler, allgemein als »Vater« (manche sagen »godfather«) der Nanotechnologie bekannt: »Was wäre, wenn die Nanotechnologie ihr ursprüngliches Versprechen einlösen könnte, d. h., wenn sie nicht nur neue, nützliche Nano-Produkte entwickelte, sondern neue, transformative Fertigungstechniken alte industrielle Verfahren ablösten und dabei die Kosten und Dimensionen der Fertigung sowie die Effizienz der Ressourcennutzung enorm verbessert würden? Was wäre, wenn wir das Wohlstandsniveau weltweit über das der heute reichsten Nationen anheben und gleichzeitig die Auswirkungen auf die Umwelt unseres Planeten verringern könnten? Was wäre, wenn wir das Ziel eines Netto-Null-CO_2-Ausstoßes rascher erreichten und (was noch schwieriger ist) es uns leisten könnten, Systeme aufzubauen, die in der Lage sind, Billionen von Tonnen CO_2, die während des Industriezeitalters produziert wurden, zu absorbieren, zu komprimieren und zu entsorgen?«[138]

So beschrieb Drexler 2013 die von ihm gesehenen Potenziale der Nanotechnologie. Anders als bei der Kernfusion ist die Nanotechnologie bis zum praktischen Einsatz entwickelt worden. Durch Nanotechnik produzierte Artikel finden sich in Alltagsprodukten, insbesondere in Kosmetika. Aber massive finanzielle Unterstützung und umfangreiche Forschung haben die Nanotechnologie nicht zu einer Wunderwaffe für alles gemacht. Versprechen und Hoffnungen sind natürlich auch Teil einer Strategie, Gelder zu mobilisieren, und das ist der Nanotechnologie bestens gelungen. Die Aussicht, dass Nanotechnologie der große »game changer« wird, hat inzwischen aber meist realistischeren Perspektiven Platz gemacht. Auch hat sich der Blick auf die Risiken von Nanotechnologie geschärft.[139] Insbesondere ein Versprechen, das am Anfang auch viele Ökologen anzog, hat die Nanotechnologie nicht einlösen können: nämlich in relevanter Größenordnung zur Dematerialisierung beizutragen.

Was ist Nanotechnologie?

Auf die Größe kommt es an – das könnte das Motto der Nanotechnologie sein. Sie bewegt sich auf einer Größenordnung zwischen einem Atom und 100 Nanometern; ein Nanometer entspricht übrigens einem milliardsten Meter (10^{-9}). In dieser Größe verändern sich die physikalischen Eigenschaften von Stoffen. Nanotechnologie bietet damit ungeahnte Möglichkeiten, spezifische Nanopartikel zu entwickeln oder die Eigenschaften vorhandener Stoffe zu ändern. Nanopartikel werden bereits hergestellt und in kommerziellen Produkten eingesetzt, insbesondere in der Kosmetikindustrie. »Nanotechnologie gilt als Zukunftstechnologie schlechthin«, stellt das Bundesministerium für Bildung und Forschung (BMBF) fest. Es stellt sich aber auch die Frage, welche Risiken neue Stoffe darstellen können, die im Nanobereich manipuliert wurden. ■

Statt des großen Durchbruchs einer Wundertechnologie haben wir in den letzten Jahren immerhin eine enorme Verbesserung vorhandener Technologien erlebt. Solarenergie und Windkraft sind erheblich effizienter geworden, ihre Erzeugungskosten radikal gesunken. Aber auch Kohlekraftwerke sind »sauberer« und effizienter geworden. Neue Technologien ermöglichen gleichzeitig die Erschließung neuer Gas- und Erdölquellen. Der technologische Fortschritt eröffnet also keineswegs nur den Weg für erneuerbare Energie. Auch Kohle und Erdöl versprechen sich durch technologischen Fortschritt – beispielsweise die CO_2-Verpressung – eine bedeutende Zukunft.

Bleibt festzustellen, dass wir die Zukunft nicht voraussehen können, dass viele Versprechungen neuer Technologien nicht eingelöst wurden und dass sich mancher Prinz in einen Frosch verwandelt hat: Risiken und negative Folgen neuer Technologien wurden in der Anfangsphase immer wieder systematisch unterschätzt. Wir werfen deshalb einen Blick auf ein neues Feld der Innovation, die Synthetische

Biologie, die bislang kaum öffentlich und parlamentarisch diskutiert wird, obwohl sie Milliarden öffentlicher Forschungsgelder erhält – gerade auch in Deutschland.

Synthetische Biologie – neue Versprechungen und alte Machtgefüge

Die Synthetische Biologie[140] – oder »Extreme Gentechnik«, wie andere sagen – verspricht mehr als Innovation: *How Synthetic Biology Will Reinvent Nature and Ourselves* lautet der Titel des programmatischen Buches von George Church, neben Craig Venter der populärste und publikumswirksamste Prophet der Synthetischen Biologie. Wahrlich kein kleines Programm. Synthetische Biologie geht viel weiter als die »klassische« Gentechnik, sie will Lebensformen nicht nur genetisch verändern, sondern neu zusammensetzen oder sogar neu konstruieren. Die Vorstellung, dass man im Prinzip aus jeder Bakterie, jeder Mikrobe und jeder Alge eine Art Minifabrik bauen kann, die, gefüttert mit beinahe jeder Form von Biomasse, alles Mögliche produziert (zum Beispiel Treibstoff, Plastik, Vanillearoma usw.), geht weit über die klassischen Methoden der Gentechnik hinaus. Eine solche Vision beinhaltet eine ganz neue Produktionsweise und damit auch eine andere Ökonomie – eine, die letztlich die Natur zur Wunschfabrik macht und den Menschen zum Herrscher über die Natur und all ihre Vorgänge. Der Begriff »natürlich« wird bedeutungslos. Eine solche Welt kommt mit sehr wenigen Arbeiterinnen und Arbeitern aus. Mikroben und Algen übernehmen den Job.

Der »heilige Gral« der Synthetischen Biologie ist und bleibt bis jetzt die Herstellung von Biotreibstoffen der nächsten Generation im großen Maßstab. Daher haben in den vergangenen Jahren die großen Kohlenstoff-Konzerne sowie zahlreiche internationale Energie- und Chemieunternehmen, darunter Shell, Exxon, BP, Chevron, Total, Petrobras, BASF, Dow und DuPont, Milliarden in kleine und größere Start-up-Unternehmen aus dem Silicon Valley investiert. Aufgrund zahlreicher technischer Probleme (vor allem bei der Produktionssteigerung) hat sich die Branche in den letzten Jahren vermehrt anderen Produkten zugewandt, solchen mit »high value« und »low volume«, also zum Beispiel Aromastoffen und Zusatzstoffen für die Kosmetikbranche. Während also bis vor wenigen Jahren vor allem Massenchemikalien, Bioplastik und Biotreibstoffe auf dem Markt waren, sind in den letzten Jahren zum Beispiel synthetisches Vanillearoma von Evolva, Artemisinin (ein Anti-Malaria-Wirkstoff) von Amyris oder Laurinsäure (zur Anwendung in Seifen) von Solazyme hinzugekommen. Kurz vor der Markteinführung stehen zum Beispiel (Stand Januar 2015): Synbio-Rosenöl, -Stevia, -Sandelholz, -Safran und -Milchprotein.

Aber auch in den Verteidigungs- und Gesundheitsministerien gibt es verständlicherweise großes Interesse an der Synthetischen Biologie: zur Erfindung neuer medizinischer und militärischer Wunderwaffen bzw. zur Verteidigung gegen solche der Gegner.

Die Dynamik in der Branche ist groß. Aber auch der Widerstand wächst. Ein Beispiel: Der belgische Wasch- und Reinigungsmittelhersteller Ecover hat angekündigt, Palmkernöl in seinen Produkten teilweise durch Algenöl zu ersetzen. Palmkernöl wird aus den Kernen gewonnen, Palmöl aus den Früchten der Bäume. Waschmittelhersteller wie Ecover argumentieren unter anderem mit einem ökologischen Gewinn, wenn die schädliche Palmölproduktion reduziert werden kann. Es ist jedoch davon auszugehen, dass der Anbau der notwendigen Biomasse (Zucker), um die Algen zu füttern, die angestrebte Flächenreduktion weitestgehend kompensieren wird.[141] Aber selbst wenn die Flächenbilanz positiv ausfällt – produziert wird das Öl von Algen, deren Gene mittels Techniken der Synthetischen Biologie verändert wurden. Es besteht also die Gefahr, dass mit angeblich guten Absichten eine riskante und noch wenig erprobte Technologie legitimiert wird, die dann auch für ganz andere Zwecke eingesetzt werden kann. Nach massiven Protesten von NGOs hat Ecover diese Pläne aber erst einmal auf Eis gelegt; man will sich auf einen »offenen Dialog« einlassen.

Die mit der Forschung und Anwendung Synthetischer Biologie einhergehenden Risiken und Probleme sind enorm und vielfältig.

Die medizinische Anwendung bedarf sicherlich gesonderter Betrachtungen und soll hier erst einmal außen vor gelassen werden – auch wenn es sich um ein zentrales Feld der aktuellen Forschung handelt. Bezogen auf die Forschung und Anwendung von Synthetischer Biologie zur Herstellung von Treibstoffen, Plastik, Aromastoffen und anderen Produkten im Kontext der Bioökonomie, sind die folgenden Problemfelder entscheidend:

- Synthetische Biologie erzeugt sich selbst vermehrende Organismen, um sie entweder in die Umgebung zu entlassen oder aber in angeblich geschlossenen Laboren bzw. Fabriken zum Einsatz zu bringen. In beiden Fällen ist das Sicherheitsrisiko enorm. Die möglichen Folgen von Kontamination mit synthetisch hergestellten Organismen oder genetischem Material für Mensch und Umwelt sind derzeit nicht absehbar.

- Durch Synthetische Biologie erzeugte Produkte (zum Beispiel Zusatzstoffe in Lebensmitteln oder der Kosmetik) müssen nach derzeitigem Stand nicht gekennzeichnet werden, sie gelten als »natürlich«. Die Folge ist eine gewaltige Täuschung der Verbraucherinnen und Verbraucher. Und Millionen von Menschen im Süden werden ihren Lebensunterhalt verlieren, wenn synthetische Vanille oder synthetische Ersatzstoffe für Kokosöl die entsprechenden Agrarprodukte vom Markt drängen. In den Philippinen beispielsweise sind 25 Millionen Menschen direkt oder indirekt von der Kokoswirtschaft abhängig.[142]

- Auch Synthetische Biologie kann nicht etwas aus nichts produzieren. Die Bakterien, Algen und Mikroben brauchen Futter. Bisher erfüllt diesen Zweck vor allem Zucker. Deshalb besitzen viele Unternehmen der Synbio-Branche auch große Zuckerrohrplantagen oder -raffinerien unter anderem in Brasilien. Zucker jedoch wird – wie andere landwirtschaftliche Produkte auch – auf dem Weltmarkt gehandelt und gehorcht dem Preisgebot von Angebot und Nachfrage. Eine hohe Zuckernachfrage führt zu einem Preisanstieg und letztlich dazu, dass viele Flächen, die zuvor für die

Synthetische Vanille – ein Naturprodukt?

Natürliches Vanillin kommt von den Vanille-Orchideen. Synthetisch-biologisch hergestelltes Vanillin unterscheidet sich vom künstlichen Vanillin, das heute angeboten wird, obgleich beide Substanzen aus dem Labor stammen. Künstliche Vanille ist ein Gemisch aus mehreren chemischen Substanzen. Das neue synthetisch-biologische Vanillin wird hingegen von einem gentechnisch veränderten Organismus erzeugt – einer GVO-Hefe, die mit Mitteln der Synthetischen Biologie hergestellt wurde. Diese neue Hefe entsteht, indem am Computer synthetische DNA entworfen und dann in die DNA natürlich vorkommender Hefe eingefügt wird. Dies unterscheidet sich sehr von der traditionellen Methode, bei der natürlich vorkommende Hefen gezüchtet werden, um beispielsweise Bier zu brauen oder Brot zu backen. Bei dieser Zuchtwahl wird kein fremdes genetisches Material, das in natürlicher Hefe nicht vorkommt, in das Genom der Hefe eingeschleust. Die synthetische Hefe kann Zucker zu Vanillin vergären. Obgleich dieses Vanillin auf einem Weg hergestellt wird, der in der Natur nicht vorkommt, wird es von der Biotech-Firma Evolva und ihrem Partner International Flavors and Fragrances als »natürliches« Vanillin vermarktet.[143] Man schätzt, dass die Produktion von getrockneten Vanilleschoten jährlich circa 200.000 Menschen Arbeit gibt. Madagaskar, die Komoren und Réunion erzeugen traditionell etwa drei Viertel aller Vanilleschoten. Der weltweite Markt für Vanille, das heißt sowohl für natürliches wie auch chemisch hergestelltes Vanillin, beläuft sich auf etwa 650 Millionen US-Dollar. Der globale Handel mit Vanilleschoten hatte 2013 ein Volumen von 150 Millionen US-Dollar. Die Endverbraucher zahlen für ein Kilo natürlicher Vanille pro Kilo Hunderte von Dollar; synthetische Vanille kostet hingegen nur einige Dutzend Dollar. Die Herstellung von natürlicher Vanille ist äußerst arbeitsintensiv. Für ein Kilo Vanille benötigt man etwa 500 Kilo Vanilleschoten und muss an die 40.000 Blüten von Hand bestäuben. In Land- und Waldwirtschaftssystemen, die kaum andere Verdienstmöglichkeiten bieten, sind der Anbau und die Verarbeitung von Vanille eine überlebenswichtige Einnahmequelle. Auf Madagaskar bauen ungefähr 80.000 Familien auf etwa 30.000 Hektar Vanille-Orchideen an. Auf den Komoren sind zwischen 5.000 und 10.0000 Familien auf die Produktion von Vanilleschoten angewiesen. In Mexiko, der Ursprungsregion von Vanille, bauen etwa 10.000 Bauernfamilien Vanille-Orchideen an.[144] ■

Lebensmittelproduktion verwendet wurden, nun zum Zuckerrohranbau genutzt oder Waldflächen gerodet werden. Es muss sich also noch erweisen, ob die Flächenbilanz der Ersatzstoffe für Palmkernöl beispielsweise wirklich so positiv ist. Und auch wenn es jetzt gelingt, den Input für die Synthetische Biologie von Zucker auf Holz oder in Zukunft vielleicht jede Form von Biomasse umzustellen, so bleibt es doch dabei, dass Biomasseproduktion Land, Wasser und andere natürliche Ressourcen benötigt und somit in unmittelbare Konkurrenz zur Herstellung von Lebensmitteln für eine stetig wachsende Weltbevölkerung tritt.

Das ist sicherlich auch denjenigen Firmen bewusst, die nun viel in jene Forschung investieren, die die Synthetische Biologie in den Dienst der fossilen Industrie stellen soll. Dieser Trend ist besonders bemerkenswert, da sich viele Synbio-Unternehmen ja explizit als Alternative zur fossilen Zukunft präsentiert haben. Es geht dabei zum einen um den Einsatz von Methan aus der Erdgas- und Erdölgewinnung mittels Fracking als Ersatz für Zucker oder andere Biomasse. Eine solche Nutzung würde den Wert des Gases enorm steigern, was den Konzernen angesichts des niedrigen Ölpreises sicherlich zugutekommen würde. Zum anderen geht es um den Einsatz von synthetisch hergestellten Mikroorganismen bei der Ausbeutung schwer zugänglicher Öl- und Gasreserven. Während nämlich die leicht zugänglichen Ölreserven zur Neige gehen, verbleibt immer mehr sogenanntes »residual oil«, das die Firmen durch verschiedene Techniken auszubeuten versuchen. Diese Techniken laufen unter dem Namen »Enhanced Oil Recovery«. Eine solche Technik, die nun immer mehr an Fahrt aufnimmt, ist MEHR (»Microbial Enhanced Hydrocarbon Recovery«). Mikroorganismen werden entsprechend »programmiert« und in das Gestein gepresst, um dort mittels bestimmter von ihnen erzeugter Chemikalien das Öl auszuwaschen bzw. für die Förderung (und später auch den Transport) vorzubereiten. Mehr als 300 Versuche sind bekannt. Firmen wie BP, Shell und Statoil investieren in diese Technik.[145]

Problematisch ist, dass sich die Synbio-Unternehmen Patente sichern, die man letztlich als »Patente auf Leben« bezeichnen kann. Synthetische Biologie ist bisher ein weitgehend unreguliertes Feld. Dabei profitieren vor allem die Unternehmen, die fast ausschließlich in den USA, Japan, Kanada, Neuseeland, Brasilien und in Europa angesiedelt sind. Die Regierungen dieser Länder vertreten die Interessen dieser Unternehmen auch in internationalen Foren, zum Beispiel bei der Verhandlung bilateraler Freihandels- und Investitionsabkommen. Interessanterweise gelang aber bei der Vertragsstaatenkonferenz der Biodiversitätskonvention der Vereinten Nationen im Oktober 2014 in Südkorea ein kleiner, aber entscheidender Durchbruch: Die Regierungen haben sich verpflichtet, Regulierungen auf den Weg zu bringen und dabei unter anderem die Risiken für Ernährungssicherheit, Biodiversität und Gesundheit zu prüfen. Um diesen von der Zivilgesellschaft initiierten Prozess nicht zur Farce verkommen zu lassen, kommt auf die Kritikerinnen und Kritiker der Synthetischen Biologie in den kommenden Jahren ein gehöriges Stück Arbeit zu. Dabei haben sie mächtige Gegner gegen sich stehen, die alles geben werden, um ihre Macht zu verteidigen.

Während viele Protagonisten der Synthetischen Biologie in Talkshows, in bunten Broschüren und auf ihren Websites damit werben, dass sie die DNA als »Biobricks« erst auf dem Computer designen und dann wie eine Art Lego immer neu auseinanderschneiden und zusammensetzen können, entwickelt sich die reale Wissenschaft der Biologie in eine andere Richtung. Die letzten Jahre haben die Genetik gelehrt, dass wir vor allem wissen, dass wir noch lange nicht alles wissen. Die DNA ist sehr viel komplexer als noch bis vor Kurzem angenommen. Informationen wirken über verschiedene Gene hinweg und miteinander verschränkt. Was tatsächlich passiert, wenn wir das alles auseinanderschnipseln und wie einen großen Baukasten neu zusammensetzen, kann niemand so genau vorhersehen.

Aber wieso investieren dann so viele Unternehmen und Regierungen vor allem aus den USA, Großbritannien, Frankreich, den Niederlanden, Dänemark, der Schweiz, Deutschland, Kanada, China, Brasilien, Japan und Australien so viel Geld? Sogar große private Stiftungen wie die Bill & Melinda Gates Foundation, die Sloan Foundation und die Gordon and Betty Moore Foundation investieren große Summen. Handelt es sich eventuell um eine Finanzblase? Darüber mag man spekulieren. Vieles an der großen Vision einer Bioökonomie, die auf einer vom Menschen kontrollierten Synthetischen Biologie basiert, wird sich sicherlich nicht realisieren lassen. An den Produkten, die bereits heute auf den Markt gehen, lassen sich die spürbaren Nachteile für die Ernährungssicherheit, für Lebensunterhalte, Biodiversität und Klimawandel ablesen. Sie machen deutlich, dass es uns nicht egal sein darf, was im Kontext und im Namen von Bioökonomie erforscht und erprobt wird.

Geoengineering mit BECCS (»Bioenergy with Carbon Capture and Storage«)

Wäre es nicht wundervoll, wenn wir den Klimawandel stoppen und sogar rückgängig machen könnten und dabei nichts ändern müssten, weiterhin munter fliegen, Auto fahren und Kohle verbrennen könnten – ohne schlechtes Gewissen?

Die Idee des sogenannten Geoengineering legt eine solche Lösung nahe. Dabei vermischen sich größenwahnsinnige und verrückte

Ideen wie gigantische Spiegel im All oder künstliche Vulkane (um die Sonneneinstrahlung zu verringern) mit sehr viel kleinteiligeren und doch großflächigen Manipulationen des globalen Klimasystems: Düngung der Ozeane oder großflächiges Pflanzen von Bäumen oder Gräsern (um CO_2 aus der Atmosphäre zu ziehen).

Selbst der Weltklimarat IPCC hat in seinem letzten und fünften Sachstandsbericht im Jahre 2014 Geoengineering in die Liste möglicher Klimaschutzmaßnahmen aufgenommen und sie damit salonfähig gemacht.[146] Der Wunsch nach schnellen und einfachen Lösungen entstammt dabei zum einen der Verzweiflung angesichts des sich rasant beschleunigenden Klimawandels und der politischen Handlungsunfähigkeit fast aller Regierungen. Zum anderen investieren aber genau solche Unternehmen und Regierungen in die Geoengineering-Forschung, die beim Verlassen des fossilen Entwicklungsmodells alles zu verlieren hätten. So haben vor allem große Erdölfirmen wie Shell, Exxon oder Chevron erhebliche Summen in die Forschung und die Lobbyarbeit für »Carbon Capture and Storage« (CCS) gesteckt, also der CO_2-Verpressung in geologische Hohlräume. Schließlich geht es um einen Freifahrtschein für die weitere Verbrennung fossiler Brennstoffe – einen Plan B für Klimaschutz, der jegliche Anstrengungen zur Erreichung des Plans A zunichtemachen könnte.

Ausgangslage ist die Annahme, dass wir unsere Klimaziele verfehlen werden und nur durch das Erzeugen von »negativen Emissionen« am Ende bei Netto-Null-Emissionen landen können. Hierfür bedarf es neuer Technologien, die größtenteils noch gar nicht entwickelt sind. Angesichts der zentralen Bedeutung von Landnutzungsänderungen und der Rolle von Biomasse in der Debatte um die Grüne Ökonomie greifen wir ein bestimmtes Geoengineering-Verfahren auf, das im Kontext internationaler Klimapolitik zunehmend als tragfähige Option gilt: BECCS.[147]

Biomasse in Verbindung mit CO_2-Abscheidung und -Speicherung (»Bioenergy with Carbon Capture and Storage«, BECCS) ist das Aushängeschild für den neuen Ansatz der Netto-Null-Emissionen, der die Überschreitung der Biokapazität der Erde rechtfertigen soll. Und sie macht deutlich, dass die Landfrage auch beim Geoengineering eine entscheidende ist! Bei BECCS geht es darum, großflächig Bäume oder andere Biomasse zu pflanzen, damit diese CO_2 aufnehmen; später werden diese dann zur Stromerzeugung verbrannt und das dabei entweichende CO_2 gespeichert. Sicher ist, dass eine solche Strategie die Politik der Landnahme intensivieren würde.

Aber eine einfache Rechenübung zeigt auch schon, dass es sich hierbei nicht um ernst zu nehmende Lösungsvorschläge, sondern um Hirngespinste handelt: Um eine Milliarde Tonnen CO_2 mithilfe von BECCS aus der Atmosphäre zu ziehen, müssten einer wissenschaftlichen Schätzung zufolge 218 bis 990 Millionen Hektar bepflanzt werden (Schätzung basiert auf »switchgrass«).[148] Das ist 14- bis 65-mal so viel Land, wie die USA aktuell für den Anbau von Mais für die Ethanolgewinnung nutzen. Lachgas-Emissionen durch den Einsatz von Düngemitteln, die für den Anbau dieser Fläche erforderlich wären, könnten zudem den Klimawandel noch verschlimmern. Nicht zu vergessen, dass noch massive CO_2-Emissionen, die aus der Rodung von Bäumen, Büschen und Gras auf mehreren hundert Millionen Hektar Land und aus der Zerstörung großer Kohlenstoffspeicher im Boden sowie aus dem Transport und der Verarbeitung der Biomasse entstehen, hinzukommen.

Noch problematischer ist die Idee, dass das komprimierte CO_2 zur Speicherung in alte Ölquellen gepumpt werden könnte, was einen zusätzlichen finanziellen Anreiz schafft, mehr Erdöl zu fördern, gleichgültig, wie hoch die Kosten sind. Das US-Energieministerium schätzt, dass mit derartigen Methoden 67 Milliarden Barrel Öl – das dreifache Volumen der nachgewiesenen US-Ölreserven – wirtschaftlich gefördert werden könnten. Wenn man bedenkt, um wie viel Geld es geht, könnte in Wirklichkeit dies eines der Motive hinter der Lobbyarbeit für BECCS sein. Sicher ist, dass keine Form der CO_2-Abscheidung und -Speicherung das Ziel eines Strukturwandels hin zur vollständigen Dekarbonisierung voranbringt.

8

Technologische Innovationen – Versuch einer Synthese

Unsere kleine Reise durch die Welt der technologischen Innovationen zeigt eine zerklüftete und vielfältige Landschaft. Arbeiten die einen an sparsameren Dieselmotoren, wollen andere die Geschichte der Evolution neu schreiben. Unter dem Begriff »Innovation« lässt sich also ganz Unterschiedliches verstehen, sodass eine Synthese und anschließende Wertung schwierig erscheinen. Unstrittig ist aber, dass Innovationen geschehen und wichtig sind für eine nachhaltige Zukunft. Keineswegs geht es also darum, »Innovation« prinzipiell unter einen kulturkritischen Generalverdacht zu stellen, aber ebenso wenig kann sie zu einem Allheilmittel stilisiert werden. Deshalb ist es wichtig, nicht nur von Innovation, sondern von Innovationen zu sprechen.

Einer der bedeutendsten Historiker und Theoretiker von Innovation, David Edgerton, hat eine umfassende Kritik der »innovationszentrierten Narrative« von Technologien entwickelt. In seinem Hauptwerk mit dem signifikanten Titel *The Shock of the Old* versucht er die teleologische Perspektive, »durch Innovation in eine bessere Welt«, zu differenzieren. Ein Aspekt ist dabei besonders wichtig: »Unsere Besessenheit für Innovation macht uns blind für die Tatsache, dass viele Technologien dafür da sind, alles beim Alten zu lassen.«[149]

Neue Technologien wie CCS sollen das fossile Zeitalter verlängern und es nicht überwinden. Ähnliches gilt für die Innovationen der Autoindustrie. Und das wird gerade wegen des Abgasskandals viele überraschen: Das Unternehmen, das weltweit am meisten in Forschung und Entwicklung investiert, heißt Volkswagen. Es führt seit

Jahren die Liste der »Global Innovation 1000« an. Unter den ersten zwanzig finden sich nicht weniger als sechs Autofirmen.[150]

Aber für eine Bewertung von Innovationen für die Grüne Ökonomie lassen sich schon anhand der bisherigen Erfahrungen einige Feststellungen treffen:

1. Technologische Innovationen haben bisher keine Wunder bewirkt – insbesondere nicht im Bereich von Energie- und Materialverbrauch. Weder hat die Atomindustrie unser Energieproblem gelöst noch die Nanotechnologie wesentlich zur Dematerialisierung der Wirtschaft beitragen können. Wunder oder disruptive Innovationen, also Innovationen, die einen Wirtschaftszweig total umwälzen, sind natürlich möglich, aber darauf kann keine Zukunftsstrategie vernünftigerweise aufbauen. Es wäre so, als wollte man seine Lebensplanung auf einem zukünftigen Lottogewinn – der ja durchaus möglich ist – aufbauen. Disruptive Innovationen sind eher in Teilgebieten zu beobachten: Digitalkameras ersetzen im Massenkonsum analoge, Röhrenfernseher sterben aus. Das Energieproblem ist da viel komplexer.

2. Viele technologische Innovationen haben Pfade beschritten, die Probleme verschärfen oder neue schaffen. Das beste Beispiel dafür sind die Agrartreibstoffe. Das geht weit über die »Teller versus Tank«-Debatte hinaus. Emissionen von Pkws durch Anbau von Agrartreibstoffen zu verringern bedeutet auch mehr Flächenverbrauch und mehr Einsatz von Düngemitteln und Herbiziden. Und die Ausweitung von Agrarflächen steht im Konflikt mit Zielen zur Bewahrung der Biodiversität. CO_2-Emissionen zu reduzieren und dabei die Stickstoffbelastung zu erhöhen und die Biodiversität zu verringern – das ist kein nachhaltiger Pfad in die Zukunft.

3. Innovationen bewegen sich oftmals auf vorbestimmten Pfaden. Diese sind nicht naturgegeben, sondern durch Machtinteressen und kulturelle Muster geprägt. Die Entwicklung des Automobils ist dafür ein gutes Beispiel. Wollen wir nur sparsamere Autos oder ein ganz anderes Verkehrsmodell für unsere Städte? Auch für Letzteres ist Innovation erforderlich, aber sie würde in eine ganz andere Richtung gelenkt.

4. Fortschritte bei größerer Effizienz, bei der Entwicklung erneuerbarer Energien und beim Rückbau von Ressourcenverbrauch werden bislang durch neues Wachstum kompensiert oder gar überkompensiert.

5. Innovation vollzieht sich innerhalb vorgegebener Machtstrukturen und kann diese verstärken. Gentechnik hat mehr zur Ausbreitung von Patenten und Machtkonzentration beigetragen als zur Steigerung der Lebensmittelproduktion. Innovation kann in eine völlig falsche Richtung laufen (etwa indem neue fossile Quellen erschlossen werden) oder fragwürdige Pfade einschlagen (CCS, Fracking). Innovation geschieht nicht einfach, sie wird betrieben und ist interessengeleitet.

Einer der am häufigsten zitierten Sprüche zum Thema »Innovation« lautet: »Das Zeitalter der Steinzeit ist nicht aus Mangel an Steinen zu Ende gegangen«; er wird Scheich Ahmed Zaki Yamani zugeschrieben, der von 1962 bis 1986 Ölminister Saudi-Arabiens war und zur Zeit des ersten Ölpreisschocks Berühmtheit erlangte. Der Spruch ist falsch und irreführend, er taugt nicht für unsere heutige Zeit, dies hat der Schweizer Autor Marcel Hänggi in einer schönen Dekonstruktion gezeigt: Der Scheich liegt »dreifach falsch: Erstens gab es in der Steinzeit keine Steinlobby – und keine Regierungen, die sich von einer solchen hätten korrumpieren lassen können. Zweitens wurden Steine als Werkzeugmaterial durch das technisch überlegene Metall abgelöst. Es ist aber kein Energieträger denkbar, der dem Erdöl technisch überlegen wäre. Drittens und vor allem: Die Menschheit hat – bei weitem! – noch nie so viele Steine verbraucht wie heute.«[151]

Das gilt auch für andere Rohstoffe: Auch Holz wird trotz aller fossilen Reserven genutzt, und Wälder werden abgeholzt. Wir haben in den seltensten Fällen die Substitution eines Rohstoffes durch einen anderen erlebt, sondern in der Regel die Erschließung neuer Quellen für die Erzeugung von Energie und die Ausbeutung von Ressourcen. Dieser Befund macht die Option der Grünen Ökonomie, ein ungebrochenes Wachstum oder gar eine Beschleunigung desselben in Aussicht zu stellen, äußerst fragwürdig. Innovation hat bisher nicht ausgereicht, um das Versprechen zu garantieren, man könnte in einer Welt endlicher Ressourcen weiter – nur grün – wachsen.

Wir haben hier ganz bewusst versucht, die allgemeine Wachstumsdebatte nicht zu wiederholen. Sie ist an anderen Orten intensiv geführt worden und wird weiter geführt. Aber die bisherigen Erfahrungen lehren, dass die Option einer grünen Zukunft mit ungebrochenem Wachstum nicht realistisch ist. Bisher sind wir jedenfalls nicht auf dem Weg, dies zu erreichen. Eine Zukunftsstrategie aber auf einem schwer zu begründenden Innovationsoptimismus aufzubauen scheint keine kluge Perspektive zu sein. Und keineswegs hängt alles mit Innovation zusammen: Der steigende Fleischkonsum ist kaum durch Innovation zu zügeln; eher werden bessere Lager- und Transporttechniken den Fleischkonsum noch ausweiten. Um eine Politik, die das *Weniger* befördert, kommen wir also hier nicht herum.

Innovation, wie sie im Kontext der Grünen Ökonomie mehrheitlich rezipiert wird, setzt primär auf technische Lösungen für die zentralen Probleme der Menschheit. Auf diese Weise werden der Innovationsbegriff eingeengt und die Innovation für Produktivität und Wachstum in Dienst genommen. Das ist nicht banal, weil Strategien damit schon eine bestimmte Richtung vorgeben. Der wachstumsfixierte Innovationsbegriff fragt primär danach, wie das *Mehr* ressourceneffizient erreichbar ist, und nicht, ob wir es nicht mit weniger auch *anders* und *besser* machen können.

Die Frage müsste aber lauten: Wie erreichen wir ein gutes Leben unter der Voraussetzung, dass Dekarbonisierung und Dematerialisierung der Wirtschaft absoluten Vorrang haben?

Innovation kann von der unheiligen Zwangsehe mit Wachstum entbunden werden. Das bedeutet auch nicht, gleich neue Ehen mit der Kehrseite des Wachstums, dem »Degrowth«, einzugehen, sondern Fragen anders zu stellen und auszuhandeln. Dann könnte man zum Beispiel diskutieren, wie Mobilität in einer Stadt (weitgehend) ohne Autos aussähe oder wie Verkehr strukturiert werden müsste, wenn Fußgängern, Radfahrern und dem ÖPNV Priorität eingeräumt würde.

Ein wachstumsfixierter Innovationsbegriff, der primär auf Effizienz zielt, blickt auf bestimmte Entwicklungen und blendet andere eher aus. Das zeigt das Beispiel der Grünen Revolution, die wieder als Vorbild aufgerufen wird. Die hier erwähnten Innovationen im Reisanbau weisen auf einen anderen Pfad von Technologien. Dabei sind Kooperationen und Rechte für Bäuerinnen und Bauern, Ausbildung, innovative Praktiken der Bodenpflege, die gemeinwohlorientierte Züchtung von Saatgut wichtiger als der optimierte Einsatz von Hochleistungssorten, chemischem Dünger und Pestiziden.

Einfache Lösungen sind nicht in Sicht – das zeigt das Beispiel Zement und Stahl. Auch verbrauchsarme Autos werden mit Stahl oder Ersatzrohstoffen gebaut, die – wie Aluminium – noch energieintensiver sind. Entscheidend ist, nicht die falschen Pfade einzuschlagen: Vorgaben für den Einsatz von Agrartreibstoffen zu machen verschärft ökologische Probleme der Landnutzung. Alternativen gibt es, müssen aber ernsthaft diskutiert werden. Holzfachleute argumentieren seit Langem, dass die stoffliche Nutzung von Holz eine bessere Ökobilanz hat als die energetische: Es ist besser, Holz zu verbauen, als zu verbrennen. Nun wird Holz nicht flächendeckend Stahl und Zement ersetzen können, aber sein Einsatz könnte einen viel größeren Beitrag zu ökologischem Bauen leisten. Für die Energiewende hingegen, wie sie im Augenblick umgesetzt wird, ist es absurderweise besser, Holz zu verbrennen und Aluminiumfenster einzusetzen.[152]

Die Fixierung auf Produktivität und Wachstum führt zur Vernachlässigung sozialer Innovationen. Neue Formen des Wirtschaftens, der Mobiliät, des Wohnens und Zusammenlebens werden vielfältig ausprobiert. So entstehen überall auf der Welt neue Denk- und Handlungsräume, in denen persönliche Initiative und Verantwortung für die eigene Lebens- und Mitwelt entwickelt werden. Selbstorganisierte Veränderungsprozesse, die von Bürgerinnen und Bürgern getragen und miteinander vernetzt werden, sind neben politischer Regulierung entscheidend für die Transformation des Wirtschaftssystems und erneuern zugleich unsere demokratische Kultur.[153]

Innovationen sind wichtig, aber sie sind allein keine Heilsbringer und Selbstläufer, sie geschehen nicht einfach. Sie stehen im Mittelpunkt gesellschaftlicher Debatten, und die Gesellschaft muss entscheiden, welche Innovationen sie will und für welche Ziele Innovationen dienen sollen.

TEIL DREI

Blinde Flecken der Grünen Ökonomie

9

A star is born – oder: Umweltpolitik in neoliberalen Zeiten

Als Ronald Reagan 1981 Präsident der USA wurde, begann die große Zeit des Neoliberalismus. Von Anfang an war klar, dass dies einen gewaltigen Einfluss auf die Umweltpolitik haben würde. Umweltpolitik war auf Regulierung gegründet, Gesetze und Vorschriften sollten Umweltschäden verringern, gefährliche Stoffe wurden verboten, in den Siebzigerjahren hatten sich (nicht nur) in den USA eine umfassende Gesetzgebung und Rechtsprechung rund um Umweltfragen entwickelt. In den 1960er- und 1970er-Jahren war in den USA eine eindrucksvolle Liste von Gesetzen erlassen worden, etwa der Clean Air Act (schon 1963), der National Environmental Policy Act (1970), der Clean Water Act usw. Wichtiger Wegbereiter für die ökologische Revolution der 1970er-Jahre war das Buch *Silent Spring* der amerikanischen Zoologin Rachel Carson, das nicht nur eindringlich die mit DDT verbundenen Gefahren aufzeigte, sondern auch zu praktischen Konsequenzen – dem Verbot von DDT – führte. Ökologische Kritik wurde politisch relevant und wirksam. Naomi Klein bezeichnete die 1970er-Jahre einmal als die »goldene Zeit der Umweltgesetzgebung«[154].

Unter Ronald Reagan änderte sich dies. Umweltschützer wurden als Verfechter eines »Kommando und Kontrolle«-Ansatzes unter Kommunismusverdacht gestellt. Sie würden in Wirklichkeit zentralistische Planung und Kontrolle über die Gesellschaft anstreben, verkündete der provokative Innenmister James Watt und etablierte damit einen aggressiven Anti-Umweltdiskurs im konservativen politischen Lager der USA.

Die neoliberale Wende führte auch zu veränderten politischen Ausrichtungen wichtiger Umweltverbände in den USA. Statt »Verklag die Bastarde!« und der Leitfrage »Wie können wir das stoppen?« hieß es nun: »Geben Sie den Leuten die Chance, einen Gewinn zu machen, indem sie schlauer sind als der Nächste.«[155] Und damit beginnt die Geschichte einer Kehrtwende in der Umweltpolitik: die »Erfindung« des Emissionshandels. Dessen Geschichte wird immer wieder als Gründungsmythos eines neuen Umweltparadigmas erzählt.

Tatsächlich erscheint die Idee zunächst verrückt. »I thought he was smoking dope«, war die Reaktion des Unternehmers John B. Henry, als der Anwalt C. Boyden Gray zum ersten Mal seinen »Cap and Trade«-Vorschlag 1980 im Weißen Haus vorstellte. Aber mit vehementer Unterstützung des Environmental Defense Fund (EDF), der zu einem enthusiastischen Verfechter der neuen Idee geworden war, wird 1990 unter der Bush-Regierung mit dem Clean Air Act tatsächlich ein »Cap and Trade«-System etabliert, also die Festlegung einer Emissionsobergrenze mit handelbaren Emissionszertifikaten, die allmählich verringert werden sollen.

Es ist schon eine erstaunliche Geschichte, wie aus dem verrückt klingenden Vorschlag in kurzer Zeit ein neues Leitbild der Umweltpolitik entstehen konnte. Die von dem Autor und Verhaltensforscher Richard Conniff nachgezeichnete Geschichte zeigt auch auf, warum in neoliberalen Zeiten »Cap and Trade« zu – wie der Autor verkündet – »eine der spektakulärsten Erfolgsgeschichten in der Geschichte der Grünen Bewegung« werden konnte. Besonders attraktiv ist der Gedanke, dass »die Regierung dem Verschmutzer nicht vorschreibt, wie sie ihren Ausstoß sauber bekommt«. Dadurch würden die »Regulatoren radikal entmachtet«.[156]

Zwar sind nicht alle Konservativen und Unternehmen von der Idee begeistert, aber wie eine Analyse des Massachusetts Institute of Technology (MIT)[157] festgestellt hat, wurde »Cap and Trade« schnell »von einem Paria zu einem Star«.

In Conniffs Ursprungsgeschichte sind die zentralen Elemente festgehalten, die die Idee des »Cap and Trade« für viele so attraktiv machen: die flexible Umsetzung, die große Autonomie der Unternehmen, die Alternative zu dem Ansatz »Kommando und Kontrolle«. Ein Umweltschutz, der in einer so marktförmigen Logik und Sprache daherkommt, war auch in wirtschaftsliberaler Zeit mehrheitsfähig. Mit der Zeit stellte sich allerdings die Idee des Emissionshandels oftmals als attraktiver heraus als die Praxis. Ist ein Emissionshandel an ein »cap«, eine Obergrenze, gebunden – und das muss er, um wirksam zu sein –, dann wird die Festsetzung dieser Grenze zu einem politischen Streitfall und lässt die Begeisterung von Konservativen und Unternehmern schnell in Skepsis oder Widerstand umschlagen. Zudem ist die Etablierung eines Emissionshandels an eine sehr komplexe und aufwendige Regulierung gebunden.

Aber die inzwischen auch deutlich gewordenen Schwierigkeiten des Emissionshandels sollten nicht den Blick darauf vernebeln, dass Leitideen des Emissionshandels auch über den Emissionshandel hinaus zur Leitidee der Umweltpolitik in der Perspektive einer Grünen Ökonomie geworden sind.

Das hat Konsequenzen. In den internationalen Klimaverhandlungen ist inzwischen klar geworden, dass es ein globales Klimaregime mit verbindlichen und ambitionierten Reduktionszielen schwer hat, sich durchzusetzen. An deren Stelle treten Instrumente und Mechanismen einer machtbasierten und auf Wachstum ausgerichteten Grünen Ökonomie. Technische Innovationen und eine sich ausweitende Bepreisung von CO_2 sind in dieser Perspektive die entscheidenden Faktoren. Weil ein globales Abkommen fehlt, entstehen statt eines großen globalen CO_2-Marktes regionale Märkte, die sich zunehmend vernetzen. Entscheidend sind dabei nicht nur die sich herausbildenden CO_2-Preismechanismen, sondern auch die Erwartung. »Expectation drives Innovation«, lautet einer der Schlüsselsätze. Man müsse also nicht unbedingt die Autoindustrie mit immer neuen Reduktionszielen quälen. Wenn ihr klar sei, dass emissionsintensive Autos keine oder nur eine begrenzte Perspektive haben, dann wird sie durch anreizgestützte Innovationen (zum Beispiel für Elektroautos) auch dahin gelangen. Die zentrale Erwartung, die insbesondere die Weltbank nicht müde wird zu verkünden, lautet: Zum Ende des Jahrhunderts muss unsere Welt eine Netto-Null-CO_2-Welt sein.

Diese Kombination von Innovation, CO_2-Bepreisung und Erwartung gibt den ökonomischen Akteuren, insbesondere den Unternehmen, einen Rahmen, aber eben auch die erstrebte Freiheit, die Erwartungen zu bedienen. Entscheidend ist dabei, dass weder CO_2-Bepreisung noch die Innovation einen Weg vorgeben. Der Markt entscheidet: »Innovation ist agnostisch«,[158] sie darf nicht durch politisch oder ethisch motivierte Vorgaben bestimmt werden, sondern soll durch Erfolg selektieren: »Damit Klima- und Wachstumsziele rechtzeitig erreicht werden, muss jede Volkswirtschaft Maßnahmen ergreifen, die die Nachfrage nach sauberen Technologien ankurbeln. Ein entscheidendes Instrument hierfür ist, die Kosten des CO_2-Ausstoßes in die volkswirtschaftliche Rechnung mit einzubeziehen. Für Innovationen hat dies zwei Vorteile: Zum einen ist es technikneutral (der Markt entscheidet), zum anderen werden so glaubwürdige Zukunftsperspektiven geschaffen.«[159]

Dieser Weg der Grünen Ökonomie will ohne politische Vorgaben für den technologischen Weg auskommen und unterstellt Technologie per se Neutralität: Der Wirtschaft dürfe nicht vorgeschrieben werden, was zu tun sei, sie müsse ihre Freiheit behalten. Die Politik müsse allein Rahmenbedingungen formulieren, die Innovation begünstigen und sich technologisch neutral verhalten.[160]

Das wird oft von denen übersehen, die aus pragmatischen Gründen ein Instrument wie den Emissionshandel begrüßen. Der Emissionshandel, so hört man immer wieder, sei zwar nicht das ideale Instrument, aber es sei unter den gegebenen Umständen das einzige Mittel, wenigstens eine – wenn auch geringe – Bepreisung von CO_2 durchzusetzen. Aber der Emissionsmarkt ist ein Instrument mit Konsequenzen: Wenn er technologieneutral sein soll, dann darf er nicht durch Bevorzugung oder Ausschluss bestimmter Technologien konterkariert werden. Für viele Verfechter des CO_2-Handels ist daher eine der entscheidenden Ursachen für das »Schwächeln« des EU-Emissionshandels (»EU Emissions Trading System«, EU ETS) die Etablierung von parallelen Zielen, insbesondere des Ziels für den Ausbau der erneuerbaren Energien. Tatsächlich haben solche parallelen Ziele einen problematischen und unerwünschten Nebeneffekt:

Die Erfolge der »Energiewende« in Deutschland senken die Preise auf dem CO_2-Markt.[161] Die billigen CO_2-Zertifikate ermöglichen gleichzeitig den weiteren Einsatz der Kohle. In Deutschland führt das zum Energiewendeparadox: wachsender Ausbau der erneuerbaren Energien und gleichzeitiger Anstieg der CO_2-Emissionen durch Kohleverstromung. Das ist eine absurde und keineswegs intendierte Folge der Energiewende. Viele Verfechter des CO_2-Marktes sehen daher in der Formulierung paralleler Ziele – nicht ganz zu Unrecht – eine Abweichung von der Logik des CO_2-Marktes: Der kosteneffizienteste Weg soll durch die Industrie verfolgt werden, ohne politische Vorgaben. Der Chor derjenigen, die ein einziges, kein paralleles Ziel fordern, wird daher immer größer.

Dass dies keine akademische Debatte ist, haben die Auseinandersetzungen um das »Klima- und Energiepaket 2030« der EU gezeigt. Zwar ist neben dem Reduktionsziel von 40 Prozent bis 2030 noch ein paralleles Ziel für den Ausbau erneuerbarer Energien, nämlich 27 Prozent, vereinbart worden, aber dieses Ziel ist extrem unambitioniert und nicht national verbindlich. Dies hat den etwas unerfreulichen Effekt, dass ein ambitionierter Ausbau erneuerbarer Energien in einigen Ländern es anderen Ländern wiederum ermöglicht, unter dem Ziel von 27 Prozent zu bleiben. Die Gegnerschaft für ein verbindliches und ambitioniertes Ziel kam insbesondere von den Ländern der Visegrad-Gruppe[162] sowie Bulgarien und Rumänien. Sie fordern in einer gemeinsamen Erklärung vom 30. September 2014: »Die EU-weit angepeilte Zielmarke für einen geringeren Ausstoß von Treibhausgasen muss realistisch und technikneutral sein. Nicht wünschenswert sind rechtlich bindende Energie- und Energieeffizienzziele auf EU- oder auf nationaler Ebene.« Dies ist im Übrigen auch die Position vieler fossiler Konzerne in der EU, wie beispielsweise Shell.

Auch wenn im EU-Klima- und Energiepaket Ziele für Energieeffizienz und den Ausbau erneuerbarer Energien überlebt haben, werden sie doch immer mehr zu einem untergeordneten Element der europäischen Umweltpolitik.

Welche Resultate erbringen CO_2-Märkte?

CO_2-Märkte können kein Selbstzweck sein, sie müssen sich danach fragen lassen, welche Resultate erzielt werden – auch wenn man manchmal den Eindruck hat, dass viele Befürworter eher das angeblich so elegante Design von CO_2-Märkten bewundern als die Resultate. Die Frage ist: Erfolgt die Bepreisung in einer Weise, die adäquate Ergebnisse zeigt? Wie viele Mäuse fängt die Katze? Kann die durch Emissionsmärkte entstehende CO_2-Bepreisung den Verbrauch von Erdöl senken? Es ist vielleicht unfair, auf den europäischen CO_2-Markt zu verweisen, dessen CO_2-Preis in den Keller gefallen ist. Aber es ist doch eine Tatsache, dass der Markt hier nicht funktioniert. Und woanders?

Werfen wir also einen kurzen Blick nach Kalifornien. Der dortige Emissionshandel gilt als einer der großen Hoffnungsträger für besser gestaltete Märkte.[163] Und er hat etwas gemacht, was der EU ETS ausgespart hat: Seit 2015 ist Erdöl und damit Benzin in den Emissionshandel einbezogen. Tatsächlich hat dies den Benzinpreis ansteigen lassen. Um es in Liter und Euro auszudrücken: Der Preis an der Zapfsäule liegt nun bei etwa 60 Cent pro Liter. Wir werden also kaum verlassene Hummer an den Straßen Kaliforniens oder verzweifelt ihre Bretter schleppende Surfer erwarten dürfen.

Benzin ist ein aufschlussreiches Beispiel. In Europa ist Benzin hoch besteuert. Auch diese Steuer kann man als eine Bepreisung von CO_2 sehen. In Deutschland beträgt sie 65,45 Cent pro Liter, im Vereinigten Königreich sind es 61 Pence pro Liter. Nimmt man an, das wäre der Preis für das CO_2 im Benzin, dann käme man in Großbritannien und Deutschland zu Preisen zwischen 300 und 400 Euro pro Tonne CO_2.[164]

Aber selbst diese durchaus beachtliche Besteuerung ist nicht in der Lage, durch das Preissignal zu einer wirklichen Verkehrswende beizutragen. Schlimmer noch, es kann, wie wir gesehen haben, nicht einmal dazu führen, dass Menschen verstärkt emissionsarme Fahrzeuge kaufen. Trotz eines hohen CO_2-Preises boomen die SUVs.

Die entscheidende Frage ist allerdings nicht, ob CO_2-Märkte eine Bepreisung von CO_2 leisten könnten, sondern welchen CO_2-Preis wir denn bräuchten, um reale Änderungen in der Ökonomie zu erreichen. Das können Ökonomen – so sagen sie – berechnen. Sie können nach den Kosten für die Vermeidung von CO_2 fragen oder nach der Preiselastizität: Welchen Preis brauche ich, um die Nachfrage zu senken?

In der recht überschaubaren Schweiz ist tatsächlich versucht worden, dies zu berechnen, und es wurde so komplex, dass auch Großrechner an Grenzen stießen. Aber die zugegebenermaßen grobe Modellrechnung kam zu dem Schluss, dass man für eine wirksame Nachfragebeeinflussung einen Preis von 245 Franken pro Tonne CO_2 benötigen würde.[165]

Solch ein Preis ist jenseits aller realpolitischer Perspektiven. Was würde ein solcher Preis für das Beispiel Auto bedeuten? Würde eine zusätzliche Besteuerung von CO_2 in dieser Größenordnung wirksam – zusätzlich zur bestehenden Besteuerung wohlbemerkt –, dann würde die Abgabenlast pro Liter auf etwa einen Euro steigen, also zu einem Benzinpreis in der Größenordnung von zwei Euro pro Liter führen. Sicherlich würde dies den Anreiz, sparsame Autos zu bauen, verstärken – aber führt es zu weniger Verkehr, zu weniger Autos, zu weniger Ressourcenverbrauch, zu einer wirklichen Verkehrswende? Welche Auswirkungen hat ein solcher Benzinpreis für den stolzen Besitzer eines Porsche Cayenne, der für sein Fahrzeug 90.000 Euro hingeblättert hat und nun vielleicht 500 Euro mehr im Jahr für Sprit ausgeben müsste?

Magie statt Politik?

Der sich deutlich abzeichnende Weg im Rahmen der internationalen Klimapolitik – technologische Innovation und Bepreisung von CO_2 – hat bisher keinen Beweis angetreten, dass er global zu einer substanziellen Senkung von CO_2-Emissionen führen könnte – von anderen globalen Umweltproblemen mal ganz abgesehen. Das soll aber nicht bedeuten, dass die Vorschläge und begonnenen Politiken, insbesondere die Einrichtung von CO_2-Handelssystemen, vollständig wir-

Wie man Emissionen reduzieren kann und wie sie dabei steigen – die Magie der CO_2-Berechnungen

Der Flugverkehr ist ein schönes Beispiel, wie man Ziele zur Reduktion von Emissionen erreichen kann, ohne Emissionen zu reduzieren. Der internationale Flugverband IATA hat sich Ziele gesetzt, die auf den ersten Blick ambitioniert erscheinen: »Carbon Neutral Growth« heißt die Initiative, die damit ausdrücklich das Leitmotiv der Grünen Ökonomie aufgreift. Die zentralen Elemente sind eine Steigerung der Treibstoffeffizienz von 1,5 Prozent pro Jahr bis 2020, kein Wachstum der Emissionen ab 2020 und bis 2050 die Halbierung der Emissionen auf die Hälfte vom Referenzjahr 2020. Das ist mit Effizienz oder gar »Biokerosin« nicht zu erreichen.

Geht also die IATA von einem Schrumpfen des Luftverkehrs aus? Mitnichten! Wie das Reduktionsziel trotzdem erreicht werden kann, hat die Branche durch eine Studie zu ermitteln versucht, die Bloomberg New Energy Finance (BNEF) gemeinsam mit der amerikanischen NGO Environmental Defense Fund durchführte. Allerdings sei das Ziel nicht in erster Linie durch technische Innovationen zu erreichen, sagt Guy Turner, Chefökonom von BNEF und leitender Autor der Studie, sondern vor allem durch die Einbeziehung des Flugverkehrs in den Emissionshandel. »Nur so kann die Branche ihre Emissionen kompensieren.«[166]

Das ist von dankenswerter Offenheit: Ziel des Emissionshandels ist es im Falle des Flugverkehrs, nicht die Emissionen zu reduzieren, sondern sie preiswert zu kompensieren. »Bis 2020 werden laut der Bloomberg-Studie genug CO_2-Zertifikate auf dem Markt sein, um 30 bis 50 Prozent der Abgase aus dem Flugverkehr bis 2050 zu kompensieren. Bis zu 4,6 Milliarden Dollar müsste die Luftfahrtbranche jährlich für die Emissionsrechte berappen. Auf den Ticketpreis eines Fluges von Paris nach New York gerechnet, käme der CO_2-Aufschlag einer Preiserhöhung zwischen 1,50 Dollar und zwei Dollar gleich. Mit dem Kauf von Zertifikaten könnte die Flugbranche ihre CO_2-Bilanz also vergleichsweise günstig verbessern.«[167]

Mit diesem Plan sieht sich die Flugindustrie »in the forefront of industries on managing carbon emissions«.[168] Zumindest sind sie Wegbereiter einer surrealen Welt, in der steigende Emissionen als Reduktionen verkauft werden können. ■

kungslos wären. Ihre größte und folgenreichste Wirkung ist die Entmachtung der Politik.

Ein kurzer Blick in die Geschichte der US-amerikanischen Umweltgesetzgebung hat gezeigt, dass der Emissionshandel als bewusstes Gegenkonzept gegen einen streng regulatorischen Ansatz (»Kommando und Kontrolle«) entstanden ist. Zwar lässt sich die Geschichte der Umweltpolitik und insbesondere die der europäischen nicht auf einen Kampf von Marktinstrumenten gegen Regulierungen reduzieren, und keineswegs hat es irgendwann eine endgültige Wende in eine Richtung gegeben. Aber die unermüdliche Rhetorik des Marktes hat ihre Wirkung gezeigt. Marktbasierte Ansätze gelten heute als modern und flexibel, ihnen gehört vielleicht noch nicht die Gegenwart, aber doch immer mehr die Zukunft. Die Tatsache, dass der EU ETS das zentrale Instrument der europäischen Klimapolitik ist, spricht Bände.

Auch viele Umweltschützer unterstützen Einrichtung und Ausbau von CO_2-Handelssystemen als Königsweg der internationalen Klimapolitik. Dabei wird oft übersehen, dass das Wie der verabredeten CO_2-Reduzierung in einem »Cap and Trade«-System der Industrie überlassen wird. Egal, ob durch Atomkraftwerke, durch CCS oder den Ausbau erneuerbarer Energien – was zählt, ist die messbare CO_2-Reduktion, nichts anderes. In dieser Perspektive werden staatliche Unterstützungen für den Ausbau erneuerbarer Energien oder das Verbot von Genpflanzen schnell zu wettbewerbsverzerrenden Maßnahmen.

Die Ausbreitung von CO_2-Märkten wird unter anderem von einer Lobbygruppe propagiert, der International Emissions Trading Association (IETA), mit dem schönen Untertitel: »Climate Challenges, Market Solutions«. Das Verzeichnis der Mitglieder ist aufschlussreich. Hier finden sich die großen Erdölkonzerne wie BP, Shell und Chevron genauso wieder wie Vattenfall oder Dow Chemicals oder Beratungsfirmen wie KPMG. Während der letzten Klimaverhandlungen trat die IETA aber nicht nur als Lobbyistin für CO_2-Märkte auf, auch die Verfechter von CCS waren stark vertreten.[169]

In einer Welt der Innovationen und Kompensationen könnte auch das Modell der Kohleverstromung (mit CCS) sogar überleben – und was technologisch nicht machbar ist, dafür ist dann Kompensation zuständig. Wohin das führen kann, das zeigt das Beispiel Flugverkehr. Die auf den ersten Blick so anspruchsvollen Reduktionsziele im Flugverkehr, nämlich 50 Prozent, auf die sich die Industrie freiwillig festgelegt hat, sind kompatibel mit dem wahrscheinlichen Anstieg der Emissionen. Willkommen in der Welt der semantischen Winkelzüge und Verwirrungen.

Die Marginalisierung der Politik ist nicht ein Nebeneffekt der marktbasierten Ansätze, sondern liegt in ihrem Wesen. Der Politik kommt es zu, den Markt zu schaffen – eine allerdings äußerst komplexe Aufgabe – und eine Emissionsobergrenze festzulegen – keine kleine Herausforderung, wenn die Grenze denn wirklich Wirkung entfalten soll.

Aber die Priorisierung von marktbasierten Instrumenten führt nicht nur zu einer Marginalisierung von Politik, sie beeinflusst auch deren Schwerpunktsetzung. Es ist kein Zufall, dass bei den wichtigsten ökonomischen Marktmechanismen CO_2 eine zentrale Rolle spielt, denn es ist das bedeutsamste Treibhausgas und damit identifiziert als der wichtigste Faktor für den Klimawandel. CO_2 ist daher auch als die »Mutter aller Externalitäten« bezeichnet worden. Obwohl es Allgemeingut ist, dass die globale Umweltkrise multidimensional ist, gleicht globale Umweltpolitik immer mehr einem – oftmals allerdings halbherzigen – Feldzug gegen CO_2, dem identifizierten Hauptfeind. Die Klimakonvention ist unbestritten zur wichtigsten, wenn auch nicht unbedingt erfolgreichen Arena internationaler Umweltpolitik geworden. Die Biodiversitätskonvention (oder gar die sogenannte Wüstenkonvention) wird dagegen kaum noch wahrgenommen und gilt als zahnloser Tiger.

Wie wir versucht haben darzulegen: CO_2 ist relativ gut messbar, quantifizierbar und »bepreisbar« – anders als Ökosystemdienstleistungen.[170] Und sie verbindet industrielle Emissionen mit den natürlichen Ökosystemen (Wäldern und Mooren) über ihre Fähigkeit, CO_2 zu speichern. Die Klimakonvention hat sich daher auch zunehmend des Themas Wälder bemächtigt, und neue Ideen wollen dies auf »Landschaften« ausdehnen. Die Klimakonvention wird dadurch tendenziell auch eine globale Landnutzungskonvention. Das heißt, Landnutzung wird in Emissionsmärkte einbezogen. Die Wirkungsmacht kann noch gar nicht abgeschätzt werden. CO_2 erscheint daher manchen – insbesondere der schon erwähnten Rachel Kyte – als die »Währung des 21. Jahrhunderts«.[171]

Die Konzentration auf CO_2 droht aber andere Umweltfragen in den Hintergrund zu drängen. Das beste Lehrbeispiel sind dafür immer wieder die Agrotreibstoffe.[172] Zwar hat sich der Rummel um sie etwas gelegt, die Gefahren sind nun sichtbarer und werden kaum noch geleugnet – aber der Weg, CO_2 durch Landnutzung zu speichern, ist nach wie vor hochaktuell. Eine neue Generation von Pflanzen wird schon seit einiger Zeit versprochen, die eine effizientere Nutzung ermöglichen – aber natürlich auch Fläche und Düngung benötigen. Ein Bepreisung von CO_2 könnte diesen Weg der Landnutzung noch attraktiver machen, da nicht nur Treibstoff zu vermarkten wäre, sondern auch die Reduktion von CO_2.

Grüne Ökonomie ohne Gesellschaft

Konzepte und Szenarien für eine Grüne Ökonomie beschäftigen sich viel zu wenig damit, wie die Ökonomie eine Wiedereinbettung in die Gesellschaft erreichen kann. Verteilungsfragen, menschenrechtliche Perspektiven, demokratische Teilhaberechte werden nicht oder nur teilweise thematisiert. Die Konzepte der Grünen Ökonomie wurden im Wesentlichen von Institutionen wie der OECD, der Weltbank oder der UNO entworfen, und im Rahmen globaler UN-Konventionen wurden die marktbasierten Instrumente entwickelt und eingeführt – also nicht von demokratischen Parlamenten oder von einer Öffentlichkeit, die normative Vorgaben wie Gerechtigkeit und Menschenrechte in ein neues Konzept Grüner Ökonomie hätte einfügen können.

In der Welt der Grünen Ökonomie sind die Unternehmen die wichtigsten Akteure. Dafür gibt es gute und weniger gut nachvollziehbare Gründe. Unternehmen werden als die entscheidenden ökonomischen »Player« in dieser Welt betrachtet. In der Perspektive des grünen Wachstums ist kein systematischer Platz für Aushandlungsorte über den »richtigen« Weg, für soziale Akteurinnen und Akteure, insbesondere nicht für die, die Widerstand leisten und Nein sagen.

Viele zentrale umweltpolitische Entscheidungen sind aber aufgrund von Protesten und Einmischung von Bürgerinnen und Bürgern gefallen. Die augenfälligste hierzulande war der Ausstieg aus der Atomenergie. Wirtschaftliche und wissenschaftliche Argumente haben in der Auseinandersetzung um die Atomenergie eine wichtige Rolle gespielt, aber letztendlich entscheidend war das Votum der Bürgerinnen und Bürger: »Wir wollen diese Atomkraftwerke nicht.« Die Energiewende ist Frucht bürgerschaftlichen Engagements und einer politischen Entscheidung, deren ökonomische Rationalität bis heute von einigen Lobbys angezweifelt, die aber dennoch von der Mehrheit der Bevölkerung in Deutschland unterstützt wird.

Überall in der Welt wehren sich Menschen gegen zerstörerische Großprojekte, sie nehmen sich die Freiheit, Nein zu sagen. Diese Freiheit muss nicht ökonomisch begründbar sein, sie hängt nicht an Opportunitätskosten oder der Bewertung von Ökosystemleistungen. Sie ist Teil grundlegender politischer Wahlmöglichkeiten, wenn das politische System diese ermöglicht. Genau diese Freiheit zur Entscheidung wird durch die ökonomische Rahmensetzung tendenziell unterminiert und durch politische Entscheidungen, die nicht demokratisch legitimiert und autoritär gefällt werden, torpediert. Technologie und Markt sollen die Entwicklung bestimmen. Neuerdings wird den Gegnerinnen und Gegnern der Gentechnologie immer öfter vorgehalten, sie seien für den Welthunger und Klimawandel mitverantwortlich, wenn sie nicht die technologischen Lösungen der Industrie begeistert aufgriffen.

Soziale Bewegungen für ökologische Landnutzung

Ein Beispiel dafür, wie sehr soziale Bewegungen und politische Akteurinnen und Akteure Umweltpolitik beeinflussen konnten und können, kommt aus Brasilien: Dort haben es Kautschukzapfer nach dem Tod ihres Vorkämpfers Chico Mendes im Jahre 1988 erreicht, dass besondere Schutzgebiete für ihre Sammeltätigkeit eingerichtet wurden. Der Kampf der Kautschukzapfer in Brasilien hatte weltweite Resonanz. Er zeigt ein anderes Modell als das des menschenlosen Naturschutzes der Reservate in Afrika, der von den großen internationalen Umweltorganisationen lange propagiert und umgesetzt worden war. In Brasilien setzten sich soziale Gruppen, die im und vom Wald leben, für den Erhalt des Waldes, für die Verbesserung ihrer sozialen Situation und für die Sicherung und den Ausbau ihrer Rechte ein. Das Modell der Kautschukzapfer wurde von anderen traditionellen Gemeinschaften übernommen und auch auf Mangrovengebiete angewendet. Im brasilianischen Amazonasgebiet sind inzwischen 24 Millionen Hektar Land als Sammelreserven (»reservas extrativistas«) ausgewiesen, eine Fläche, die etwa der der alten Bundesrepublik entspricht. Hier haben traditionelle Gemeinschaften ihre Rechte erkämpft und gesichert.[173] Soll dies in Zukunft ersetzt werden durch Berechnungen, wie viel die Ökosystemleistungen »wert« sind?

Es ist oft frappierend, wie wenig die Verfechter des ökonomischen Ansatzes über historische Errungenschaften wissen und wie wenig sie sich für die aktuellen sozialen Kämpfe interessieren. Der »subjektive Faktor« verschwindet; nur noch der ökonomisch rechnende Akteur interessiert. Nicht die sozialen Akteure sollen die Welt »retten«, sondern die Buchhalter, so sagt es auch Pavan Sukhdev, wenn auch mit einem Fragezeichen.[174]

Land ist ein entscheidender Faktor für jede ökologische Zukunftsperspektive. Land ist nicht beliebig vermehrbar und wird mit immer neuen Ansprüchen konfrontiert, sei es dem Anbau von Pflanzen für die Treibstoffe, einer stetig wachsenden Fleischproduktion oder der Bereitstellung von Palmöl für Schokolade. Neue Nutzungen und eine wachsende Menschheit haben dazu geführt, dass immer mehr Flächen der Welt für agrarische Nutzung oder für urbane Siedlungen umgewidmet wurden. So begrenzt die Gesamtheit der Fläche, so flexibel und geschichtlich und sozial beeinflusst ist der Anteil an der Erde, der durch menschliche Nutzung geprägt ist. Die Ausweitung von Agrar- und Siedlungsflächen hat sich in den letzten Jahrhunderten vornehmlich auf Kosten von Wäldern, Mooren und Sümpfen (heute gerne als »Feuchtgebiete« bezeichnet) abgespielt. Die Verwandlung von Wäldern und Sümpfen galt bis in jüngste Zeit als heroischer zivilisatorischer Akt. Noch die 1960 eingeweihte Hauptstadt Brasiliens, Brasilia, wurde als eine dem Urwald abgerungene Errungenschaft mit dem schönen lateinischen Spruch »urbs, ubi silva fuit« (»Stadt, wo Wald war«) gefeiert.

In den letzten Jahrzehnten allerdings hat sich dieser Blick auf Wälder und Feuchtgebiete radikal verändert. Sie gelten nun nicht mehr als Zivilisationshindernisse, sondern als wertvolle Ökosysteme, Zentren der Artenvielfalt und CO_2-Speicher. Klimaschutz und die Erhaltung der Artenvielfalt stehen im direkten Konflikt mit Strategien zur Ausweitung von Anbau- und Siedlungsflächen. Der Schutz von Wäldern und Feuchtgebieten ist zu einer Priorität globaler Umweltpolitik geworden. Aber trotz aller diskursiven Aufwertung von Urwäldern – die weltweite Waldzerstörung geht weiter.

Ein besonders großer blinder Fleck: das Recht der Indigenen

Aber es geht dabei nicht einfach um einen Konflikt zwischen Naturerhaltung und menschlicher Nutzung, ja solch eine – durchaus verbreitete Wahrnehmung – reproduziert ein fatales Missverständnis. Die letzten großen erhaltenen natürlichen Ökosysteme der Welt sind in der Regel von Menschen bewohnt und genutzt. Sie sind der Lebensraum von indigenen Völkern und traditionellen Gemeinschaften. Diese inzwischen international gebräuchliche Sprachregelung bezeichnet eine Vielzahl von menschlichen Gesellschaften, die seit Generationen in und mit Wäldern und anderen Ökosystemen leben und aus ihnen ihren Lebensunterhalt bestreiten. Ihre Form der Nutzung hat diese Ökosysteme nicht großflächig zerstört. Dabei geht es keineswegs um kleine Flächen. So sind etwa allein im brasilianischen Amazonasgebiet etwa 2,5 Millionen Quadratkilometer als indigene Territorien oder als Schutzgebiete – die vorwiegend von traditionellen Gemeinschaften genutzt werden – ausgewiesen. Das ist immerhin fast fünfmal die Fläche Frankreichs (540.000 Quadratkilometer). In Mexiko sind 80 Prozent der Waldfläche des Landes in der traditionellen Eigentumsform der »eijidos«, einer Form der Gemeindewirtschaft. Weltweit schätzt man, dass in den Tropen mehr Waldflächen durch indigene Völker und traditionelle Gemeinschaften bewirtschaftet werden als durch private Besitzer.[175] Bedroht werden diese Gebiete durch das Vordringen kommerzieller Landwirtschaft und Rodung sowie durch die Ausbeutung von Bodenschätzen und der Realisierung von Großprojekten wie Staudämmen. Die Konflikte um Erdöl im Amazonasgebiet haben weltweite Aufmerksamkeit erregt; unter dem Regenwald von Peru und Ecuador liegen immense Erdölfelder.

Es handelt sich als nicht um einzelne lokale Konflikte. In Mexiko etwa hat die Regierung in den letzten 15 Jahren 43.675 Bergbaukonzessionen vergeben, die fast die Hälfte der Fläche des Landes umfassen.[176] Die Deutsch-Mexikanische Handelskammer wirbt damit, dass 60 Prozent des Landes als aussichtsreich für den Bergbau gelten.[177]

Im weltweiten Kampf um Land, um Zugang zu Ressourcen und auch ihren Schutz haben indigene Völker und traditionelle Gemeinschaften eine Schlüsselstellung inne – und sind genau deshalb in ihrer Existenz bedroht. Denn trotz ihrer eminenten Bedeutung ist die rechtliche Stellung indigener Völker und traditioneller Gemeinschaften weltweit sehr heterogen und oftmals prekär. Zudem sind ihre politischen Einflussmöglichkeiten gegenüber den Interessen von Regierungen und großen Konzernen gering. Daher haben sich viele internationale Bemühungen darauf gerichtet, ihre rechtliche Stellung zu verbessern.

So haben die UN 2007 eine Resolution über die Rechte indigener Völker verabschiedet. Das wichtigste internationale Abkommen zum Schutz indigener Völker ist das Übereinkommen 169 der ILO (Internationale Arbeitsorganisation der Vereinten Nationen), das ihnen einen umfassenden Einfluss – einschließlich des Rechts, Nein zu sagen – bei Entwicklungsprojekten einräumt. Es ist bis heute das einzige völkerrechtlich gültige Dokument, das die Rechte indigener Völker anerkennt und benennt. Allerdings ist ILO 169 bisher nur von 22 Staaten ratifiziert. Deutschland zählt nicht dazu.

Die Stärkung der umkämpften und bedrohten Rechte indigener Völker und traditioneller Gemeinschaften könnte eine zentrale Rolle in der Bewahrung noch erhaltener Ökosysteme spielen und damit einen wichtigen Beitrag zur Klima- und Biodiversitätspolitik leisten. In den Ansätzen der Grünen Ökonomie spielt das aber keine oder nur eine untergeordnete Rolle. Selbst im Konzept der Grünen Ökonomie der UNEP, das noch am weitgehendsten soziale Aspekte berücksichtigt, spielen indigene Völker und traditionelle Gemeinschaften keine Rolle und erst recht keine systematische. Das ist aber nicht einfach eine Unterlassungssünde, sondern eine Konsequenz des Naturkapital-Ansatzes. Natur als Bereitstellerin von Dienstleistungen ist eine Natur, die von den Menschen, die sie bewohnen, abgetrennt ist. So wird das Gewebe des Lebens, das Natur und menschliche Nutzung verbindet, aufgelöst. Eine Natur ohne Menschen – die es kaum noch gibt – wird zur Grundlage der ökonomischen Konstruktion, statt von den realen, lebendigen Beziehungen zwischen Mensch und Natur auszugehen. Anders gesagt: Die ökonomische Konstruktion der Natur als Naturkapital desozialisiert die Natur. In der so konstruierten Natur steht dann nicht die Frage nach der Bewahrung des Lebensraums und der Rechte ihrer traditionellen Nutzer im Mittelpunkt, sondern die ökonomische Inwertsetzung der Natur als Dienstleisterin.

Diese hat ganz konkrete und praktische Konsequenzen. Im Zentrum der internationalen Waldpolitik stand in den letzten Jahren die Entwicklung des REDD-Mechanismus. Dieser ist explizit als ökonomischer Mechanismus konzipiert. Zwar spielen bei REDD Rechte indigener Völker durchaus eine Rolle, aber nur in den »safeguards«, also den Leitlinien zur Durchführung von Projekten und Programmen. Die Unterstützung für indigene Völker und traditionelle Nutzer wird an ihre ökonomische Performance geknüpft: Sie müssen konkrete, messbare Ergebnisse bei der Reduzierung von CO_2 leisten. Das ist die Kernidee von REDD.

Natürlich muss dies nicht prinzipiell einer an Rechten orientierten Politik entgegenstehen, aber in der Praxis haben die ökonomischen Mechanismen den zentralen politischen Platz besetzt. Grüne Ökonomie ist eben auch ein Programm, das andere Ansätze verdrängt. Das Überborden der ökonomischen Sprache ist nicht ohne Konsequenzen: Die Stärkung von Rechten steht nicht im Mittelpunkt, auch nicht die von Akteurinnen und Akteuren gegen die Zerstörung – sie kommen nicht einmal in den Ansätzen der Grünen Ökonomie vor. Obwohl – oder weil? – sie in der Vergangenheit durchaus erfolgreich waren.

Feministische Kritik – nicht von Interesse?

Grüne Ökonomie nimmt feministische Kritik sowie Analysen, wie sich Geschlechterverhältnisse unter veränderten ökonomischen Bedingungen wandeln, so gut wie gar nicht zur Kenntnis. Und das, obwohl die Analyse von Geschlechterverhältnissen essenziell ist, wenn wir Umweltkrisen bewältigen und Ungerechtigkeiten und Ungleichheit überwinden wollen.

Feministische Kritik an der neoklassischen Ökonomie

»Feministische Ökonomie analysiert die gesamte Ökonomie als vergeschlechtlichte Prozesse, weil die soziale Kategorie Geschlecht als Ordnungsstruktur tief in sie eingeschrieben ist. Der archimedische Punkt feministischer Ökonomie ist die Sorgearbeit (›care‹), die weltweit überwiegend von Frauen und meist unbezahlt geleistet wird. Die neoklassische Ökonomie spaltet unbezahlte und ehrenamtliche Sorge-, Subsistenz- und Reproduktionsarbeit aus der Ökonomie ab, macht sie unsichtbar und wertet sie als unproduktiv und außerökonomisch. Dagegen betrachtet feministische Ökonomie Produktion und Reproduktion bzw. Sorgeökonomie als miteinander verschränkt und wertet Sorgearbeiten als wertschöpfend. Der kapitalistische Markt ist nur funktionsfähig, weil er ständig unbezahlte Sorgearbeit wie auch die Regeneration der Natur für sich nutzt und als ›endlos dehnbare‹ Ressourcen betrachtet. Dabei steht jedoch die kapital- und marktförmige Funktionslogik des Wachstums, der Effizienzsteigerung und der Geldakkumulation im Widerspruch zur Logik der Versorgung, Vorsorge und sozialen Sicherung und höhlt diese immer weiter aus.«[178] ■

Wir brauchen mehr Ökonomie und nicht weniger – das ist eine der Grundannahmen der Grünen Ökonomie. Dieses Insistieren auf der Ökonomie ist Teil aktueller feministischer Kritik auch an den Konzepten Grüner Ökonomie. In den feministischen Debatten hat sich eine Kritik an der Ökonomisierung aller Bereiche des Lebens ausgebildet. »Ökonomie für ein gutes Leben statt für Wachstum«, so bringt Adelheid Biesecker die feministische Kritik auf den Punkt.[179] Und im Zentrum feministischer Konzepte steht zudem »Vorsorgendes Wirtschaften«, eine Sorge- oder Care-Economy. Das ist Fürsorge, Vorsorge, Versorgung von Kindern, Jugendlichen, Kranken und alten Menschen.

Sie gehört zum Kern jeder Wirtschaft und ist zugleich emotionale Beziehungsarbeit. Die Ausblendung des Reproduktiven, die Leugnung seines zentralen Stellenwertes für jede Gesellschaft und Ökonomie, das wiederholen auch die Konzepte der Grünen Ökonomie.

Statt der Ökonomisierung von Sorgearbeit fordern feministische Theoretikerinnen die gesellschaftliche und politische Aufwertung von Sorgearbeit sowie die Entwicklung sozialer Mechanismen, die auf dieser Anerkennung beruhen. Von einem solchen Ausgangspunkt aus ergeben sich ganz andere politische Schlussfolgerungen als etwa eine reine Ökonomisierung via Lohnarbeit: Sorgearbeit muss sich institutionell, gesellschaftlich und vor allem zwischen den Geschlechtern neu organisieren.

Um eine neue Welle der Ökonomisierung des Lebens geht es bei den sogenannten Reproduktionstechnologien. Hier gibt es erstaunliche Parallelen zwischen der Ökonomisierung von Natur und Ökosystemdienstleitungen und der ökonomischen Inwertsetzung von Körpern und Körperstoffen wie Eizellen, Sperma und Gewebe sowie der Kommerzialisierung von Körpern durch Praktiken wie Leihmutterschaft. Feministische Kritikerinnen nennen dieses Feld der Reproduktionstechnologien ebenfalls »Bioökonomie«.[180]

Gerechtigkeit – eine Leerstelle

Märkte können viel, ihr zentraler Platz in den modernen Ökonomien ist kein Zufall und nicht das Ergebnis des Agierens böser Menschen oder Mächte. Märkte haben sich als enorm erfolgreich erwiesen. Sie sind effizient in der Allokation von (knappen) Ressourcen – Allokationseffizienz ist der Kern des Erfolges von Märkten –, und genau darauf berufen sich immer wieder diejenigen, die marktbasierte Instrumente im Klima- und Umweltschutz propagieren. Zwar sind in letzter Zeit – insbesondere nach der Finanzkrise – Zweifel an der Effizienz von Märkten laut geworden, doch lassen wir dies dahingestellt. Märkte können Effizienz. Aber sie sind nicht geeignet, soziale Gerechtigkeit herzustellen oder umfassend ethische Fragen zu beantworten.

Natürlich gibt es marktorientierte Ansätze, die Gerechtigkeit und ethische Orientierung fördern wollen: wie etwa Fair Trade, solidarische Ökonomie oder ethisches Investment und ethisch motivierter Konsum. Solche Ansätze können wichtige Motivationen für Veränderung sein und neue Akteure stärken, die vorhandene Machtstrukturen beeinflussen. Ihr Marktanteil ist aber bislang äußerst beschränkt: Trotz beachtlicher Steigerungszahlen liegt der Anteil von Fair-Trade-Kaffee bei 2,1 Prozent. Bei Honig und Wein ist der Fair-Trade-Anteil in den letzten Jahren sogar wieder gesunken. Der Anteil ethischer Investments liegt trotz hoher Zuwachsraten bei 1,3 Prozent (2012). Auch können etwa durch Kampagnen, die ökologische und ethische Kriterien einfordern, Entscheidungen von Unternehmen beeinflusst werden. Aber der Einsatz von nachhaltigem Palmöl in Nutella verhindert allein nicht die Expansion der Produktion von Palmöl. Auf keinen Fall sollten solche Ansätze gegen Regulierung ausgespielt werden, wenn nicht allein »Konsum mit gutem Gewissen« die Perspektive ist, sondern eine gesellschaftlich-ökonomische Transformation.[181]

Dass Märkte nichts mit sozialer Gerechtigkeit zu tun haben, ist nicht ganz unumstritten, aber doch weitgehend akzeptiert. Ineffizienz produziert erst recht keine soziale Gerechtigkeit, das haben verkorkste sozialistische Experimente nur zu deutlich bewiesen. Insofern kann man durchaus argumentieren, dass effiziente Märkte und eine funktionierende Wirtschaft die Basis für soziale Gerechtigkeit seien. Aber Märkte tragen eben nicht automatisch dazu bei. Deshalb werden in allen modernen Demokratien Marktmechanismen durch staatliche Umverteilung, durch eine progressive Steuererhebung, durch Sozialsysteme und Sozialpolitik oder durch einen Mindestlohn begrenzt und modelliert. Die Ausgestaltung dieser staatlichen Eingriffe ist ein zentraler Punkt aktueller politischer Debatten.

Seltsamerweise haben solche Überlegungen in der Grünen Ökonomie des Mainstreams keinen hohen bzw. systematischen Stellenwert. Wenn »Put a price on carbon!« der zentrale Steuerungsmechanismus sein soll, dann muss sich aber sofort die Frage nach der sozialen Gerechtigkeit stellen. Preise können Allokation steuern – insbesondere dadurch, dass sie den effizienten Umgang mit Energie und Ressourcen fördern. Eine wirksame Bepreisung von CO_2 würde sich – wie schon skizziert – unmittelbar in höheren Preisen für Benzin, Strom und Heizung niederschlagen, und die Preise müssten, um Wirkungen zu zeigen, tatsächlich deutlich steigen. Ein Literpreis von circa 2,50 Euro beispielsweise würde viele Kleinverdiener hart treffen, für die SUV-Konsumenten jedoch kaum ein größeres Problem sein. Ein Problem hat sicherlich jede demokratische Partei, die solch einen Anstieg der Benzinpreise in ihr Wahlprogramm schreibt.

Die Probleme bei einer sozialen Gestaltung von Energiepolitik sehen wir gerade bei der Energiewende. Denn »der Effekt von Steigerungen beim Strompreis trifft Haushalte mit geringem Einkommen doppelt so stark wie die oberen 70 Prozent der Einkommen. Hier liegt das zentrale Argument: Die Kosten der Energiewende, die derzeit größtenteils auf den Strompreis aufgeschlagen werden, fordern von den ärmsten 30 Prozent ein überproportional hohes Opfer im Vergleich zu den oberen 70 Prozent der Einkommen.«[182]

In Deutschland gewöhnt man sich langsam an den Begriff »Energiearmut« – ein allerdings nicht eindeutig definierter Begriff. Ein Versuch, das Phänomen zu fassen, misst die Zahl der Haushalte (mit geringem Einkommen), die mehr als zehn Prozent ihres Einkommens für Energie ausgeben müssen. Deren Anteil ist von 6,4 Prozent im Jahre 1988 auf 17,8 Prozent im Jahre 2012 gestiegen. Die fehlende soziale Dimension in der Energiewende gefährdet deren immer noch hohe Legitimation. Bei der Festlegung von Ausnahmen für die erhöhten Abgaben waren offensichtlich die (angebliche notwendige) Sicherung der Wettbewerbsfähigkeit der deutschen Industrie wichtiger als soziale Belange.[183]

Eine wirksame Umsetzung der Strategie »Put a price on carbon!« würde allerdings zu erheblich stärkeren sozialen Verwerfungen führen als die Energiewende. Eine entsprechende Antwort auf diese Frage sucht man in den Entwürfen der Grünen Ökonomie vergebens.

Märkte sind auch nicht dazu geeignet, normative Entscheidungen zu treffen oder zu präjudizieren. Fragen wie der Atomausstieg oder das Verbot von gentechnischen Pflanzen können nicht durch Allokationseffizienz von Märkten entschieden werden. Nicht die Preise entscheiden hier, sondern normative Kriterien. Wenn dies nicht mehr möglich ist, dann werden normative Entscheidungen immer mehr zu Fragen des Marktes – und genau dies ist die Folge des zentralen Stellenwertes von marktbasierten Instrumenten in der Grünen Ökonomie.

Sachzwang »Grüne Ökonomie«

Die Verbindung von Klimapolitik und Landnutzung ist mit Sicherheit kein einfacher »Win-win«-Pfad für die Klimapolitik. Sie ist vielmehr mitten in ökosozialen Konflikten angesiedelt, deren Akteure ernst genommen werden sollten. CO_2-Sequestrierung durch Landnutzung und die Produktion von Agrotreibstoffen verschärfen – wie skizziert – die Flächenkonkurrenz. Solche Konflikte erzeugt aber auch der Ausbau nachhaltiger Energien. Windanlagen bedeuten ebenfalls Flächen- und Ressourcenverbrauch. Auch ein Elektroauto, das mit 100 Prozent nachhaltig erzeugter Energie fährt, ist mit zum Teil seltenen Ressourcen gebaut, braucht Stoffe wie Lithium und trägt damit zur Verschärfung von Ressourcenkonflikten bei.

Aber das ist vielleicht gar nicht das entscheidende Problem. Der Kampf gegen die Klimakatastrophe kann dazu führen, alle Akteurinnen und Akteure in diesen Konflikten zu delegitimieren. Großstaudämme werden mit Klimaargumenten neu begründet, und wer gegen Windräder in seiner Region ist, wird gleich zu einem »Nimby« (»not in my backyard«), zu einem unverbesserlichen Egoisten, der sich der großen Menschheitsaufgabe entgegenstellt. Klimapolitik ist wichtig, und für eine Energiewende brauchen wir Windräder. Aber auch die Ausweitung der Windenergie ist nicht konfliktfrei, sie muss offen sein für Aushandlungen und rechtsstaatliche Verfahren. Aber in vielen Konflikten besteht die Gefahr, dass Klimawandel zu einem Totschlagargument für ganz spezifische Vorhaben wird. Der belgische Geograf Erik Swyngedouw hat für diese Tendenz den Ausdruck »the non-political politics of Climate Change« geprägt.[184] Die Drohung mit der Menschheitskatastrophe schränkt den politischen Spielraum ein, Politik wird immer mehr zur Umsetzung neu

Auch Windkraft muss Rechte anerkennen

Die Landenge von Tehuantepec im Süden Mexikos ist der einzige Ort auf dem amerikanischen Kontinent, wo keine Bergkette Atlantik und Pazifik trennt. Der Wind weht konstant und kräftig. Ein idealer Standort also für Windparks. Im Isthmus sind zurzeit 15 Windparks in Betrieb, 28 sollen es werden. In jedem Windpark stehen über 100 Windräder. Eine Leistung von 10.000 MW soll installiert werden, das entspricht etwa fünf bis sechs AKWs. Europäische Firmen wie Acciona, Iberdrola, ENEL, Siemens oder EDF produzieren dort Strom vor allem für vertraglich festgelegte Endabnehmer wie WalMart oder das Bergbauunternehmen Peñoles. Mehr saubere Energie in Mexiko – wer soll das schlecht finden? Doch in der Bevölkerung regt sich Widerstand, die Kleinbauern sehen sich betrogen. Die meisten Windparks stehen auf indigenen Ländereien. Sie seien über den Tisch gezogen worden, klagen die Bewohner. »Es gibt keine Jobs, es gibt keine Entwicklung, wir benutzen den Strom nicht. Und die Firma bekommt 99 Prozent des Gewinns«, sagt Bettina Cruz, eine Menschenrechtsaktivistin aus der Region. Die gezahlte Pacht sei lächerlich, Landwirtschaft nicht mehr möglich, die Bevölkerung heute ärmer als früher. Die Bauern fordern die Stornierung der Pachtverträge. Demonstrieren sie, werden sie als Kriminelle hingestellt. Viele Bauern dürfen ihren Boden nicht mehr betreten. Die protestierenden Gruppen betonen immer wieder, dass sie nicht gegen Windkraft sind, sondern gegen die Bedingungen, unter denen sie ihren Gebieten aufgezwungen wird. Das Beispiel in Mexiko zeigt, dass auch Windkraft mit dem Recht auf Land in Konflikt treten kann und deren Entwicklung oftmals nicht der Stärkung regionaler oder lokaler Strukturen dient, sondern gerade gegen sie durchgesetzt wird. Für die Betroffenen ist es ein Großprojekt auf ihrem Rücken. Auch in Indien, so klagen Umweltorganisationen, hat die Regierung zwar ehrgeizige Ausbauziele für erneuerbare Energien, aber keinen Plan, wie diese Ziele sozial gerecht und in einem demokratischen Rahmen erreicht werden können. Es sind solche Erfahrungen, die Grüne Ökonomie für viele Aktivistinnen und Aktivisten im Süden zu einem umstrittenen Konzept, ja oftmals sogar zu einem Feindbild werden lassen.[185] ■

definierter Sachzwänge der Grünen Ökonomie. Dass dabei die ersten Opfer oft Bauernfamilien oder Indigene sind, die sich zum Beispiel gegen den Landraub durch Windturbinen zur Wehr setzen, und nicht die SUV-Fahrer oder Vielflieger, ist dann nur noch eine Konsequenz marktbasierter Mechanismen, die nur eine Währung kennen: CO_2. Die diskursive Aneignung des Klimawandels durch die Propagandisten der Marktlösungen schafft damit tatsächlich einen »postdemokratischen« (Colin Crouch) oder »post-politischen« (Chantal Mouffe) Kontext,[186] der mächtiger kaum sein könnte: Ein Markt, der andere delegitimiert, legitimiert sich selbst mit der Abwendung der Menschheitskatastrophe.

Ohne Alternative?

Viele Rechtfertigungen von marktbasierten Instrumenten berufen sich gar nicht auf deren angebliche Vorteile, sondern auf deren »Alternativlosigkeit«. Naturschutz und Umweltpolitik stehen angeblich mit dem Rücken zur Wand. Regulierung oder ökonomische Instrumente wie Ökosteuern seien politisch nicht umzusetzen. Und insbesondere im Naturschutz ist die Finanzmisere für alle Akteure deutlich spürbar. Der Emissionshandel scheint daher ein politisch möglicher Ausweg, und die ökonomische Bewertung von Ökosystemleistungen könnte aus dem Naturschutz gar eine Geldquelle machen.

Die Anziehungskraft solcher Argumentationen ist verständlich. Aber die vorgeschlagenen Mechanismen konnten ihre Versprechen bisher nicht einlösen – und politisch führen sie in eine Falle. Das haben die Erfahrungen mit dem europäischen Emissionsmarkt gezeigt. Aber statt zu überlegen, wie ein klinisch toter Emissionshandel wiederbelebt werden könnte, sollte man sich daran erinnern, dass andere Instrumente zielgerichteter und erfolgreicher sein können. Alternativen sind vorhanden, sie sind umsetzbar – aber sie werden oft politisch nicht gewollt.

Die entscheidende Herausforderung für eine Klimapolitik ist es, den Einsatz fossiler Energieträger zu beenden – dies wird immer mehr zu einem Konsens. Gerade um diese Ziel zu erreichen, hat sich der Emissionshandel als völlig untauglich erwiesen. Erfolgreich war hingegen – trotz vieler Probleme in Details und Umsetzung – das Erneuerbare-Energien-Gesetz (EEG). Dadurch wurde eine wirtschaftlich nicht konkurrenzfähige Energie durch ökonomische Instrumente so gefördert, dass sie inzwischen preiswerten Strom erzeugen kann. Das ist nicht zum Nulltarif zu haben, aber die Erfahrungen mit dem EEG zeigen auch, dass für einen solchen Umbau gesellschaftliche Mehrheiten möglich sind.

Die Fixierung auf den Emissionshandel als angeblich so flexibles Marktinstrument hat die Debatte um andere Instrumente verdrängt. Als nach dem gescheiterten Klimagipfel in Kopenhagen eine Diskussion über eine CO_2-Steuer aufflammte, wurde sie schnell wieder durch die Verweise auf den ja bereits existierenden Emissionshandel abgewürgt. Die Erfahrungen in Schweden mit einer solchen Steuer sind positiv.

Auch andere Ansatzpunkte liegen auf der Hand. Nach Schätzungen des IWF und der IEA wird weltweit jährlich immer noch die unglaubliche Summe von etwa 500 Milliarden US-Dollar an Subventionen für fossile Energie ausgegeben.[187] Aber nicht nur in der Klimapolitik sind falsche Anreize ein Problem – auch der Schutz von Natur und Biodiversität leidet darunter. Nach Angaben des Umweltbundesamtes beliefen sich die umweltschädlichen Subventionen in Deutschland im Jahre 2010 auf 52 Milliarden Euro. »Ein systematischer Abbau ist nicht in Sicht«, stellt die Behörde lakonisch fest. Viele ökonomische Politikinstrumente sind denkbar und werden in Ansätzen der Grünen Ökonomie auch aufgegriffen. Aber warum ist hier so wenig Umsetzung in Sicht? Partikularinteressen einzelner Wirtschaftsbranchen verhindern immer wieder das Umsteuern gerade auch in effizienteres und marktbasiertes Wirtschaften. Das ist nicht ohne Ironie. Subventionen sind häufig als sozial und ökologisch schädlich identifizierbar. Sie sind wettbewerbsverzerrend und erschweren es, dass sich ressourcenschonendere und effizientere Produkte am Markt durchsetzen.

Unsere Argumentation richtet sich nicht generell gegen ökonomische Mechanismen und Instrumente. Sie richtet sich gegen eine tendenzielle Aufhebung von politischen Entscheidungsspielräumen durch marktbasierte ökonomische Instrumente und die Herabsetzung von Regulierung, demokratischer Kontrolle, politischen Alternativen sowie die Delegitimierung und Kriminalisierung von Protest und Widerstand. Die Gefahr besteht, dass dabei bestimmte Handlungsmöglichkeiten und Alternativen völlig aus dem politischen Horizont geraten. Werden Emissionsmärkte und andere marktbasierte ökonomische Mechanismen die zentralen Schaltstellen der Umwelt- und Klimapolitik, dann besteht die Gefahr, durch Herrschaftsinteressen geprägte Wachstumsmodelle nur noch ökologisch zu begleiten.

Alle Konzepte der Grünen Ökonomie stellen die Wirtschaft und Unternehmen als die wichtigsten Akteure in den Mittelpunkt. Der Homo oeconomicus alleine wird aber die Lösungen für die Große Transformation nicht bringen.

10

Die Zivilgesellschaft zwischen Entpolitisierung und eingeschränkten Handlungsspielräumen

Die Rolle der Zivilgesellschaft ist in den Debatten zur Grünen Ökonomie genauso vielfältig und umstritten wie der Begriff selber. Große, vor allem amerikanische, aber global agierende Umweltverbände wie Conservation International, The Nature Conservancy, der Environmental Defense Fund oder WWF beteiligen sich aktiv an den neuen marktbasierten Naturschutzinstrumenten und stehen zugleich vielen der neuen Technologien (zum Beispiel CCS, Geoengineering) wenig kritisch bis befürwortend gegenüber. Auch wenn sich die Positionen der einzelnen Verbände (und teilweise auch verschiedener nationaler Büros bzw. Einzelpersonen innerhalb der Verbände) durchaus unterscheiden, so lässt sich doch eine Tendenz ablesen: Der Glaube an die Steuerungsfähigkeit von Politik ist vielen konservativen Naturschutzorganisationen abhandengekommen. Marktmechanismen erscheinen in diesem Kontext nicht nur als Heilsversprechen für die Lösung von Problemen, sondern oftmals auch für das Füllen der eigenen (leeren) Kassen.

Politische und finanzielle Ressourcen waren für zivilgesellschaftliche Akteurinnen und Akteure im Gegensatz zu den finanzmächtigen Interessengruppen der Industrie immer schon begrenzt. Der institutionelle Einfluss und die Verhandlungsmacht professioneller NGOs waren wahrscheinlich in den 1990er-Jahren, als die globalen UN-Konferenzen Hoffnungen auf einen effektiven Multilateralismus zur Lösung der globalen Krisen auslösten, und zu Beginn der 2000er-

Jahre auf einem Höhepunkt; die politische und öffentliche Wirkung war durchaus beachtlich. Einfluss und Beteiligung bei globalen Verhandlungen sind heute global jedoch eher rückläufig. Die Entzauberung ist spätestens mit dem Klimagipfel in Kopenhagen deutlich geworden.

Allerdings gehört auch zur ehrlichen Analyse dazu, dass sich überall auf der Welt zivilgesellschaftliche Akteure in den oben beschriebenen Kontexten bestens eingerichtet haben. Viele NGOs fungieren als (Voll-)Ersatz für staatliche soziale, humanitäre und umweltpolitische Dienstleistungen, hängen am Tropf externer staatlicher oder privater Geldgeber. Ohne Zweifel: Wo der Staat nicht handelt, ist es gut, wenn zivilgesellschaftliche Akteure Not lindern (ohne die Organisation Ärzte ohne Grenzen gäbe es noch viel mehr Ebola-Tote) oder zur sozialen Infrastruktur (Bildung, Gesundheit) beitragen. Häufig genug entlasten sie aber auch zu lange oder für immer den Staat, statt ihn zur Verantwortung zu ziehen. In Afghanistan lässt sich das gut studieren, ebenso auf den Philippinen mit über 30.000 NGOs. Das ist kein ganz neuer Trend, der zudem in der Literatur gut beschrieben ist; er hat sich jedoch verstärkt. Der globalen Tendenz zur Privatisierung hoheitlicher Aufgaben folgen viele NGOs. Im Gesundheitsbereich ist dies ganz offensichtlich. Die Melinda & Bill Gates Foundation verfügt über mehr Gelder als die WHO und versteht das eigene Mandat bewusst als eines außerhalb der WHO. Professionelle NGOs fungieren in vielen Fällen als Ko-Eliten und wurden von Regierungen auch so instrumentalisiert. Das führt dazu, dass sie entlang ähnlicher politischer und ökonomischer Sachzwänge Hand in Hand mit staatlichen Institutionen agieren und ihre Watchdog-Funktion und ihre Rolle als Kontrahent und als Gegenöffentlichkeit verlieren.

Dort, wo Staaten mangelhafte Steuerungskapazitäten haben oder in die Moderationsrolle gehen, werden vor allem große NGOs eingebunden. In sogenannten Multi-Stakeholder-Runden werden mit (großen) NGOs meist freiwillige Regeln ausgehandelt. So werden manchmal Politiken legitimiert, die der notwendigen Transformation eher entgegenstehen, die ohne Rechenschaftslegung und demokratische Rückkoppelung mit Betroffenen und ihren demokratisch legitimierten Interessenvertreterinnen und Interessenvertretern bzw. basisnahen sozialen Bewegungen erfolgen. Es gibt zahlreiche Beispiele dafür, dass durch solche Prozesse der lokale Widerstand (zum Beispiel gegen Abholzung) geschwächt wird. Ergebnis ist oftmals eine Entpolitisierung der Zivilgesellschaft.

Neben der Kooptation gibt es aber auch einen ganz anderen beunruhigenden Trend. Wir erleben derzeit eine Welle juristischer, bürokratischer oder steuerlicher Maßnahmen, die die zivilgesellschaftlichen Aktivitäten insbesondere von NGOs massiv einschränken. Im Visier sind nicht nur die einheimischen NGOs, sondern vor allem ausländische Organisationen und Stiftungen, die Partner unterstützen. In manchen Ländern finden regelrechte Hetz- und Diffamierungskampagnen gegen jede Form von Opposition statt. NGOs und kritische Köpfe werden, wenn sie mit ausländischen Organisationen oder Stiftungen kooperieren, als »verlängerter Arm« des Auslands oder als »ausländische Agenten« angeprangert. Jede Form der Einschränkung scheint erlaubt: Aktivistinnen und Aktivisten werden verhaftet, Konten eingefroren, Drohungen ausgesprochen, Lizenzen entzogen, Internetseiten blockiert, Büros geschlossen, Registrierungen erzwungen. In vielen Ländern gilt die innere Sicherheit und der Kampf gegen Terrorismus als Vorwand, demokratische Organisationen mundtot zu machen oder zu verbieten – ein Generalverdacht, der alle repressiven Maßnahmen legitimieren soll.

In demokratischen oder partiell demokratischen Ländern beobachten wir zunehmend, dass sich das ganze Bündel aus juristischen, administrativen und repressiven Maßnahmen der Regierungen vor allem auch gegen soziale Bewegungen und NGOs richtet, die sich gegen Großprojekte wie Kohle, Erdöl- oder Gaserschließung und andere Infrastruktur- und Investitionsprojekte (zum Beispiel Pipelines, Landgrabbing) zur Wehr setzen. Doch nicht nur in China, Russland, Indien, Äthiopien, der Türkei oder Kambodscha stehen Umweltschützerinnen und -schützer als Teil der Zivilgesellschaft unter Druck. Überall dort, wo es um Kontrolle über den Zugang zu und die Ausbeutung von strategischen natürlichen Ressourcen geht – von Kohle, Öl und Gas über Wasser, Wälder, Land und Biodiversität bis hin zu genetischen Ressourcen –, greifen die Mächtigen zu flexiblen Strategien, um sich ihre Macht und ihrem Geschäftsmodell das Überleben zu sichern. Das stellte auch Maina Kiai, Sonderberichterstatter der Vereinten Nationen für das Recht auf Versammlungs- und Vereinigungsfreiheit, in seinem aktuellen Bericht fest.[188] Neben den Fällen aus Entwicklungsländern beschreibt er auch Fälle von Menschenrechtsverletzungen mit Bezug zu Rohstofffragen in Kanada und Australien.

Morde an Aktivistinnen und Aktivisten (vor allem im lokalen Widerstand) werden häufiger. Die britische NGO Global Witness stellt in ihrem Bericht »How Many More?«[189] fest, dass die Zahl getöteter Umweltaktivistinnen und -aktivisten stetig zunimmt. Im Jahr 2014 waren es global 116 – das sind circa zwei pro Woche. Das gefährlichste Land für Umweltaktivistinnen und -aktivisten ist Honduras mit 101 Toten zwischen 2010 und 2014. Und das sind nur die bekannten Fälle. Die Dunkelziffer liegt vermutlich viel höher, da die Morde oft in abgelegenen Gegenden geschehen.

Als Ursache vermutet Global Witness den zunehmenden Druck auf und die Auseinandersetzungen um natürliche Ressourcen wie Land oder mineralische und fossile Rohstoffe. Ins Visier geraten nämlich genau diejenigen, die Macht und Kontrolle (zum Beispiel über natürliche Ressourcen) hinterfragen, Korruption und Ungerechtigkeiten offenlegen und sich nicht in freiwillige Initiativen der Industrie einbinden lassen, sondern deren politischen Einfluss aufdecken und unterbinden wollen. Das ist in vielen Fällen auch keine strukturierte und mittels NGOs organisierte Zivilgesellschaft, sondern eine vielfältige und lokale Widerstandsbewegung, die es dann aufgrund meist geringerer internationaler Sichtbarkeit und geringen Bekanntheitsgrads umso schwerer hat, sich gegen Repressionen zu schützen.

Die Sorge vor politischem Machtverlust ist groß. Allzu häufig geht sie Hand in Hand mit der Sicherung wirtschaftlicher Interessen. Politische und ökonomische Interessen sind in vielen Ländern beinahe eins. Proteste gegen Landnahmen und Großprojekte sind da nicht willkommen. Die Finanzierung von »außen« dient hier als Vorwand und soll vor allem nationalistische Ressentiments schüren und von diesen Interessen ablenken.

Weltweit schränken über 50 sogenannte NGO-Gesetze den Handlungsspielraum von NGOs und Zivilgesellschaft massiv ein. Die Zahl nimmt ebenso zu wie ihre Rigorosität. De facto haben westliche NGOs, Stiftungen und Think Tanks nur wenige Antworten auf diesen Trend formuliert. Gemeinsames politisches Agieren wäre hier besonders dringlich. Der Austausch dazu müsste organisiert werden. Denn ohne demokratische Spielräume gibt es auch nur unzureichende Einmischung in die notwendigen Prozesse der Transformation und Anpassung in Süd, Ost und West.

Zum Schluss: Plädoyer für eine neue Politische Ökologie

Wir besitzen mehr denn je vielfältiges Wissen über die systemischen Wechselwirkungen der Geoökologie und die Folgen menschlicher Eingriffe. Die Klima- und Umweltwissenschaft ist sich weitgehend einig: Wir sind dabei, die biophysischen Grenzen zu überschreiten, mit irreversiblen Folgen für die Biosphäre und die Zukunft der Menschheit insgesamt. Das ist kein Alarmismus, sondern eine Aufforderung, mit diesen Erkenntnissen umzugehen und ambitionierte Grenzen für Emissionen aller Art und den Ressourcenverbrauch zu ziehen. Das ist eine politische Aufgabe ersten Ranges. Und es ist eine ethische Frage, wie wir den verbleibenden ökologischen Raum fair und gerecht für jetzige und zukünftige Generationen verteilen, wenn gutes Leben, Freiheit und Gerechtigkeit für alle Menschen auf der Erde ein politisches Ziel bleiben soll. Und es muss ein Ziel bleiben.

Wie umfassend und tief greifend muss die Transformation diesbezüglich aber sein, und mit welchen Konzepten, mit welchen politischen, technologischen, sozialen und kulturellen Innovationen können wir sie realisieren? Wie sieht eine Wirtschaft aus, die in den Planetarischen Grenzen bleibt? Und wie können wir die jetzige kapitalistische Produktions- und Konsumweise so transformieren, dass sie keinen Zusammenbruch nach sich zieht und unkontrollierbare soziale und politische Verwerfungen entstehen. Antworten darauf stehen erst am Anfang; aber es gibt vielfältige Suchprozesse dazu, die den Ausgangspunkt und den Rahmen für Kontroversen und Streit bilden.

Die Hypothesen und die Praxis der Grünen Ökonomie haben wir diskurs- und machtkritisch beleuchtet und hinterfragt. Eigentlich wissen wir alle, dass wir wegen der Planetarischen Grenzen radikale Schritte und eine globale Transformation brauchen. Doch in welchem Tempo, mit welchen politischen Maßnahmen, mit welchen Technologien das Umsteuern geschehen soll, das ist hochumstritten.

Ein ökologisches Zukunftsprojekt hat deshalb zuallererst die Aufgabe, für die notwendige Transformation politisch zu mobilisieren und Konzepte für ein anderes Wirtschaften und Produzieren zu entwickeln. Das Projekt der Moderne fortschreiben heißt: die Vision demokratischer Teilhabe und eines Endes der Armut und Ungerechtigkeit mit dem neueren Wissen um die Planetarischen Grenzen zu verbinden.

Transformation schließt als politische Aufgabe mit ein, auch das Konflikthafte auf diesem Weg aufzuzeigen. Gerade die jüngste Geschichte der Grünen Ökonomie ist voller Zielkonflikte. Deutlich zeigen sie sich – wie wir skizziert haben – bei den Agrartreibstoffen. Sosehr jede Lösung willkommen ist, bei der jede und jeder gewinnt: Zielkonflikte müssen frühzeitig erfasst und transparent gemacht werden. Die sozialen und ökologischen Folgen neuer Technologien und Produktionen müssen breit gesellschaftlich diskutiert werden. Denn radikales Umsteuern geht nicht ohne Konflikte und Brüche. Vor dieser Tatsache fürchten sich politische Entscheidungsträgerinnen und -träger auf allen Ebenen, Parteien fürchten Einbußen bei den Wahlen, und manche professionelle Nichtregierungsorganisation verkündet den Spendeneinnahmen zuliebe lieber einfache Lösungen statt Komplexität.

Zu suggerieren, dass wir mit noch mehr (Grüner) Ökonomie aus den Krisen kommen können und dass uns technologische Innovationen und neue Marktmechanismen retten werden, kann für die politische Mobilisierung eher kontraproduktiv sein. Verharmlosen und Beschönigen hilft nicht weiter, ebenso wenig Resignation, die lähmt. Die Aufteilung in Optimistinnen/Optimisten und Pessimistinnen/Pessimisten oder in Traditionalistinnen/Traditionalisten und Modernisiererinnen/Modernisierer, wie sie leider häufig in Ökologie- und sozialen Debatten vorgenommen wird, ist unsinnig und auch nicht hilfreich. Sie lenkt nur von der Größe der Herausforderung einer radikalen Transformation ab, die alle kreativen Köpfe in der Gesellschaft – in Institutionen, in Politik und Wirtschaft – für das Umdenken und Umsteuern braucht.

Immerhin: Es gibt so etwas wie ein gemeinsames Band vieler Menschen in Politik, Wirtschaft und Gesellschaft, die wissen, dass wir rausmüssen aus dem jetzigen Wirtschafts- und Produktionsmodell. Dieser Konsens bedeutet eine große Chance, dass der Ausstieg aus den fossilen Energien, aus der sogenannten braunen Agenda, mit ihren sozialen und ökologischen Verheerungen gelingen könnte. Hier sind die Potenziale, kräftige politische Allianzen zu schmieden, noch lange nicht ausgeschöpft.

Konsens ist auch, dass wir mit neuen und effizienteren Technologien wenigstens Zeit gewinnen können. Wir müssen uns jedoch wieder expliziter der politischen Tatsache stellen, dass, trotz dieser Konsense, die Analysen zu den Ursachen der sozial-ökologischen Krisen und damit auch Wege und Ziele massiv differieren können. Diese Differenzen anzuerkennen und die Auseinandersetzung zu suchen und gleichzeitig für Teilschritte Allianzen zu schmieden, auch wenn es nicht in allen Fragen Übereinstimmung gibt, sollte Prinzip der politischen Debattenkultur im komplizierten Suchprozess für das Neue, Transformierende sein.

Wir plädieren für eine Repolitisierung der Ökologie, die die wissenschaftlichen Erkenntnisse zu den biophysischen Grenzen unseres Planeten anerkennt, deshalb für eine radikale Transformation eintritt und sich dabei den Gerechtigkeits- und Machtfragen stellt. Jede Vision von Wohlstand für alle Erdenbürgerinnen und -bürger muss sich mit den Fragen auseinandersetzen: Wem gehört die Natur? Wer hat Zugang, wer kontrolliert die Ressourcen, und wie verteilen wir sie untereinander?

Wir plädieren dafür, den Begriff der »Politischen Ökologie« wieder aufzugreifen, ohne im Einzelnen auf den Diskurs und das »intellektuelle Produkt aus den 70er-Jahren« und seinen ideologischen Ballast hier einzugehen.[190] Dieser Begriff versucht, das komplexe Verhältnis von Politik und Ökologie, das Mensch-Natur-Verhältnis zu erfassen. Heute stellt sich aus der Perspektive Planetarischer Grenzen und globaler Klima- und Ressourcengerechtigkeit die Frage nach der radikalen Trendumkehr noch schärfer. Politische Ökologie stellt sich in diesem Kontext macht- und kapitalismuskritischen Diskursen.

Politische Ökologie schließt eine Reformpolitik ein, die Handlungsspielräume für die Zukunft offenlässt und Zeit für die Suche nach einer umfassenderen Transformation schenkt. Es gibt eine große Zahl umsetzbarer Reformalternativen für die Energie-, Agrar- und Verkehrswende, für ökologischen Städtebau und vieles mehr. Ebenso gibt es umsetzbare Reformvorschläge für eine andere faire und ökologisch nachhaltige Finanz-, Handels- und Investitionspolitik. Wir kennen die ordnungspolitischen Instrumente, die Emissionen und den Ressourcenverbrauch begrenzen können. Und wir wissen, wie wir mit Steuern eine Demokratisierung der Vermögensbildung und eine gerechtere Umverteilung in den Gesellschaften und zwischen den Geschlechtern erreichen können. Zahlreiche solcher Vorschläge, Initiativen und Kampagnen scheitern eben nicht, weil es keine Alternativen gibt, sondern an politischen und ökonomischen Machtverhältnissen.

Genau deshalb müssten wir dringend wirtschaftliche Machtkonzentration begrenzen und beschneiden. Das passiert jedoch nicht oder nicht ausreichend. Politik macht sich allzu häufig erpressbar, beugt sich den Lobbys, statt aufzuklären und für gesellschaftliche Mehrheiten zu kämpfen. Neben der Begrenzung, Einhegung und Umverteilung von Macht sollte Ökologiepolitik sich wieder auf ordnungspolitische Instrumente im Klima- oder Biodiversitätsschutz konzentrieren – diese waren mit Grenzwerten, Verboten und anderen politisch gesetzten Anreizen sehr erfolgreich –, statt eine weitere Ökonomisierung der Natur zu forcieren und primär auf marktbasierte Instrumente zu setzen. Die Streichung ökologisch und sozial schädlicher Subventionen in Billionenhöhe gehört endlich auf die politische Tagesordnung – national und multilateral. Auch das ist ein Machtthema, weil von den Subventionen überwiegend Eliten profitieren. In allen Szenarien der Grünen Ökonomie gibt es immerhin beim Thema Subventionen einen breiten Konsens.

Es braucht deshalb einen regulierenden und dem Allgemeinwohl und der ökologischen Zukunftsvorsorge verpflichteten Staat unter demokratischer Kontrolle und eine starke Zivilgesellschaft, die konfliktfähig ist. Das zu erreichen ist allein schon eine Herkulesaufgabe. Denn Staaten, ihre Institutionen und zivilgesellschaftlichen Akteurinnen und Akteure (von Gewerkschaften bis zu professionellen Nichtregierungsorganisationen) sind selbst Teil eines Wachstumsimperativs, Adressaten wirkungsmächtiger Lobbys – von Unternehmen bis zu mancher Gewerkschaft.

Regierungen – ob demokratisch oder nicht – schaffen mehr denn je die Rahmenbedingungen für Kapitalverwertung, günstige Investitionsbedingungen und Konsumismus. Im Zwiespalt sind zumindest die Demokratien insofern, als sie neben dem Wohlfahrtsversprechen auch öffentliche Güter wie gesunde Umwelt, Bildung oder Freiheit und Menschenrechte bereitstellen bzw. schützen müssen. Das ist auch Teil ihrer politischen Legitimation, weshalb demokratische Systeme, parlamentarische und außerparlamentarische sowie andere demokratische Prozesse und Verfahren, eine größere Chancen bieten, einer sozialen und ökologischen Transformationsagenda zum Durchbruch zu verhelfen, wenn entsprechende gesellschaftliche Mehrheiten mobilisiert werden können (man denke an Atomausstieg, Energiewende und Gentechnikverbote).

Auch das wird nicht ohne Konflikte abgehen. Es ist eine Illusion zu glauben, dass technischer Fortschritt solche Konflikte überflüssig machen kann. Machtstrukturen prägen technischen Fortschritt, und welche technologische Entwicklung wir wollen oder nicht wollen, das muss Teil der politischen Willensbildung und des demokratischen Streits bleiben.

»Die Besonderheit der modernen Demokratie liegt in der Anerkennung und Legitimierung des Konflikts und in der Weigerung, ihn durch Auferlegung einer autoritären Ordnung zu unterdrücken.«[191] So Chantal Mouffe, die analysierte, wie der Konflikt aus der politischen Agenda zugunsten konsensorientierter Verfahren gedrängt wurde und wird. Sie hält zu Recht Meinungsverschiedenheiten und Konflikte in einer pluralistischen Demokratie nicht nur für legitim, sondern für notwendig. »Sie enthalten den Stoff, aus dem demokratische Politik gemacht wird.«[192]

Politik – und Politische Ökologie – braucht genau das: mehr Mut zum Konflikt, zur Konfrontation. Das notwendige Umsteuern gelingt bislang nicht bei der dringlichen Finanzmarktregulierung, und es gelingt bislang auch nicht, wichtige Produktionssphären zu dekarbonisieren und zu dematerialisieren.

»Wie sinnvoll ist ein Wirtschaftssystem, mit dem wir unsere ökologischen Lebensgrundlagen zerstören, welches uns wiederkehrende Finanzkrisen beschert und unsere Gesellschaften durch wachsende Ungleichheit zerreibt?« Das fragt Gerhard Schick in seinem Buch *Machtwirtschaft – Nein Danke!*. Er fordert eine Ökonomie, die endlich wieder den Menschen dient und nicht umgekehrt. Politische Ökologie kann so auf eine Grüne Ökonomie treffen, die diesen Namen dann auch verdient.

Politische Ökologie, wie wir sie verstehen, bezieht sich auf die bestehenden Machtverhältnisse zwischen Nord und Süd, zwischen Reich und Arm, zwischen Mann und Frau. Wir müssen die wirtschaftlichen und politischen Interessen und Ressourcen der Macht derjenigen, die die Hegemonie über den Transformationsweg haben wollen, genau verstehen, wenn wir den Ausstieg aus der braunen und ressourcenfressenden Ökonomie organisieren wollen. Zum Leitbild einer grünen Transformation gehört im Sinne der Politischen Ökologie aber auch die Kunst des Unterlassens, des Schrumpfens, des Weniger. Die Frage der Suffizienz, »Wie viel ist genug?«, wird sich eben nicht und schon gar nicht im Kontext globaler Gerechtigkeit umgehen lassen. Davon wollen die Protagonisten des Mainstreams der Grünen Ökonomie gar nichts wissen. Das passt nicht ins »Geschäftsmodell«.

Die große Transformation wird nicht ohne hartes Aushandeln, ohne Konflikte und Widerstand gelingen. Die Versöhnung von Ökonomie und Politik wird eben nicht durchgängig möglich sein und erst recht nicht allein durch neue Preismechanismen. Im Gegenteil: Politische Ökologie beschäftigt sich genau damit, dass es tief greifende gesellschaftliche Veränderungen und Umbrüche ohne soziale und ökologische Kämpfe nicht geben wird. Sie sind unter Umständen sogar die Essenz und der Kern für Wandel. Konsens, Streit und Konflikte müssen wir als Teil der Transformation, als Teil des notwendigen Suchprozesses begreifen, auf den wir uns einlassen. Und dafür brauchen wir eine Stärkung der Autonomie des Politischen und nicht seine auch noch »grün« legitimierte Unterordnung unter die Ökonomie.

Zivilgesellschaftlichen Organisationen wird eine große Bedeutung bei der Gestaltung und Umsetzung der sozial-ökologischen Transformation beigemessen. Sie sind dabei zum einen hoffnungslos in ihrem Wirken überschätzt, sie sind in der Regel (von einigen großen Stiftungen und Naturschutzorganisationen einmal abgesehen) nicht mit den gleichen Ressourcen ausgestattet wie die großen Wirtschaftslobbys; und sie entscheiden schlussendlich nicht, sie können bestenfalls politische Entscheidungen beeinflussen. Zum anderen sind sie Teil einer Konsensmaschine, die weniger den Konflikt als den Dialog sucht. Damit sind sie häufig erfolgreich, aber nicht selten auch kooptiert. Im Sinne unseres Verständnisses von Politischer Ökologie sind viele NGOs gar nicht an größeren Strukturveränderungen oder an Macht- und Verteilungsfragen interessiert. Und schließlich geraten in sehr vielen Ländern der Welt solche Akteure, die Konflikte eingehen, Unrecht benennen und sich einmischen für eine ökologisch und sozial gerechtere Welt, mehr denn je unter Verdacht und sind massiven Repressionen ausgesetzt.

Unser Plädoyer für eine Politische Ökologie schließen wir mit dem Wunsch, dass sich noch mehr zivilgesellschaftliche Organisationen dem Thema der sozialen und ökologischen Transformation widmen und neben ihren zahlreichen und häufig auf Konsens ausgerichteten Aktivitäten wieder radikalere Formen der Einmischung wählen oder mit anderen radikaleren (und basisnahen) Organisationen und Bewegungen Bündnisse schmieden und strategische Arbeitsteilungen verabreden.

Die Bündnisse in Deutschland, europa- und weltweit gegen das Transatlantische Handels- und Investitionsabkommen (TTIP), die globalen Anti-Kohle-Kampagnen, die Bündnisse »Für eine andere Landwirtschaft« sind hier Vorbilder und Ermutigung.

Jene, die unter politischer Ausgrenzung, Repression, Gewalt und Kriminalisierung leiden, brauchen dringender denn je unsere politische Solidarität und die Einmischung demokratischer Regierungen für die Achtung der grundlegenden Menschenrechte, zu denen Versammlungs-, Organisations-, Rede- und Meinungsfreiheit gehören. Denn Freiheit, Gerechtigkeit, Menschenrechte, Vielfalt und demokratische Prinzipien sind das normative Fundament, auf dem transformative Strategien für eine lebenswerte Zukunft ausgehandelt werden.

Anmerkungen

1 Mehr dazu bei: http://www.stockholmresilience.org/21/research/research-programmes/planetary-boundaries.html. Update 2015: http://www.stockholmresilience.org/21/research/research-programmes/planetary-boundaries/planetary-boundaries-data.html. Die 2015 aktualisierte Fassung des Ansatzes ist hier nachzulesen: http://www.sciencemag.org/content/347/6223/1259855.full (Registrierung notwendig).

2 Siehe z. B.: Markus Wissen (2014): The political ecology of agrofuels: conceptual remarks, in: Dietz, Kristina, et al. (Hrsg.): The Political Ecology of Agrofuels, Abingdon, S. 16–33

3 WBGU (2011): Welt im Wandel. Gesellschaftsvertrag für eine Große Transformation, Berlin, S. 27

4 OECD (2011): Towards Green Growth, May 2011, OECD

5 www.boell.de/kohleatlas

6 https://www.foeeurope.org/tar-sands

7 BUND, Friends of the Earth Europe, Heinrich-Böll-Stiftung (2013): Ressourcenschwindel Schiefergas, Berlin; https://www.boell.de/sites/default/files/2013-10-schiefergas_1.pdf

8 Aktuell mehren sich die Anzeichen dafür, dass ein Temperaturanstieg um 2 Grad über dem vorindustriellen Niveau bereits viel zu viel ist und die Schwelle für eine noch irgendwie beherrschbare Klimakatastrophe weit darunter liegen müsste – beispielsweise bei 1,5 Grad, wie es die kleinen Inselstaaten schon lange bei den Klimaverhandlungen fordern. Nur wenige Monate vor dem Klimagipfel in Paris veröffentlichte zum Beispiel der bekannte Klimawissenschaftler James Hansen eine gemeinsam mit anderen Wissenschaftlerinnen und Wissenschaftlern verfasste Studie zum Meeresspiegelanstieg. Die beunruhigenden Fakten: Wir müssen uns laut der Studie auf mehrere Meter Meeresspiegelanstieg in den kommenden 50 Jahren sowie verheerende Stürme einstellen. Das liegt weit über den Annahmen des letzten Sachstandsberichts des Weltklimarats. (Die Studie von James Hansen ist zu finden unter http://www.atmos-chem-phys-discuss.net).

9 http://www.carbontracker.org/report/carbon-bubble/

10 Christophe McGlade, Paul Ekins (2015): »The geographical distribution of fossil fuels unused when limiting global warming to 2 °C«. In: Nature 517, S. 187–190 (8. Januar 2015)

11 »Global Warming's Terrifying New Math«. Rolling Stone, August 2012; http://www.rollingstone.com/politics/news/global-warmings-terrifying-new-math-20120719?page=2

12 Die unterschiedlichen Zahlen kommen vor allem daher, dass die Institutionen von unterschiedlichen Wahrscheinlichkeiten zur Erreichung des 2 °C-Ziels ausgehen.

13 Ebenfalls betroffen sind einige Staaten wie die der ehemaligen Sowjetunion, China, Polen oder Nordkorea, die direkt extrahiert haben bzw. extrahieren.
14 Vgl. http://www.climateaccountability.org/
15 Vgl. http://carbonmajors.org/
16 Jörg Haas (2014): »Die große Wette auf die Selbstzerstörung«. In: Politische Ökologie 136, München
17 »The fossil fuel bailout: G20 subsidies for oil gas and coal exploration«; http://priceofoil.org/content/uploads/2014/11/G20-Fossil-Fuel-Bailout-Full.pdf
18 www.carbonmajors.org
19 www.boell.de/kohleatlas
20 Vgl. http://kochcash.org/
21 Vgl. http://www.ewea.org/fileadmin/files/library/publications/statistics/EWEA-Annual-Statistics-2014.pdf, S. 3
22 Das sind eher konservative Schätzungen, zum aktuellen Forschungsstand: http://www.sciencemag.org/content/344/6187/1246752.abstract
23 Vgl. Living Planet Report 2014 (Kurzfassung): https://www.wwf.de/fileadmin/fm-wwf/Publikationen-PDF/WWF_LPR2014_Kurzfassung.pdf
24 Vgl. http://www.spiegel.de/wissenschaft/natur/satellitenfotos-zeigen-immer-schnellere-regenwald-abholzung-a-1020637.html
25 Vgl. http://www.fr-online.de/natur/inventur-der-natur-fuer-tiere-wird-s-langsam-eng,5028038,26670426.html. Hier findet sich ein guter Überblick über den Bericht.
26 Ein guter Überblick findet sich bei: http://www.bodenwelten.de/content/fl%C3%A4chenverbrauch-trends-und-entwicklungen
27 Umweltbundesamt (2013): Globale Landflächen und Biomasse – nachhaltig und ressourcenschonend nutzen, Dessau; https://www.umweltbundesamt.de/sites/default/files/medien/479/publikationen/globale_landflaechen_und_biomasse_kurz_deutsch_bf.pdf
28 UNEP (2014): Assessing Global Land Use: Balancing Consumption with Sustainable Supply. A Report of the Working Group on Land and Soils of the International Resource Panel; http://www.unep.org/resourcepanel-old/Portals/24102/PDFs//Full_Report-Assessing_Global_Land_UseEnglish_(PDF).pdf
29 WBGU (2011), S. 131
30 Siehe generell zu diesem Thema: Heinrich-Böll-Stiftung et al. (Hrsg.) (2015): Bodenatlas. Daten und Fakten über Acker, Land und Erde, Berlin
31 https://www.bmz.de/de/mediathek/publikationen/reihen/strategiepapiere/Strategiepapier316_2_2012.pdf
32 Uwe Hoering (2015): »Im Griff der Konzerne«, in: Inkota Dossier: Private Konzerne in der Landwirtschaft, Berlin
33 http://de.statista.com/statistik/daten/studie/275449/umfrage/fuehrende-pestizidkonzerne-weltweit/
34 J. Pretty et al. (2006): »Resource-conserving agriculture increases yields in developing countries«, in: Environmental Science & Technology 3(1), S. 24–43
35 IAASTD (2009): International Assessment of Agricultural Knowledge Science and Technology for Development, Agriculture at Crossroads, Global Report, Washington, DC

36 Vgl. http://elibrary.worldbank.org

37 Brand und Wissen haben den Begriff »imperiale Lebensweise« geprägt. Damit ist eine Lebensweise gemeint, die angesichts ökologischer Grenzen nicht verallgemeinerbar ist und letztendlich auf Ausschluss von großen Teilen der Weltbevölkerung von einem in den »reichen« Ländern propagierten Lebensstil beruht. Mehr dazu hier: Ulrich Brand, Markus Wissen (2013): Imperiale Lebensweise. E-reader: http://www.buko.info/fileadmin/user_upload/doc/reader/BUKO-Gesnat-Seminar-04-2013-Reader-V1.pdf

38 Oxfam (2014): Even it up – Time to End Extreme Inequality, Oxford, S. 8

39 Vgl. Global Wealth Data Book, S. 116, https://publications.credit-suisse.com/tasks/render/file/?fileID=5521F296-D460-2B88-081889DB12817E02

40 Vgl. Bodenatlas, a. a. O., Grafik S. 26

41 Vgl. http://www.welthungerhilfe.de/whi2014.html

42 Einen guten Überblick zur Debatte bietet: http://www.zeit.de/2014/07/szenario-schrumpfende-weltbevoelkerung

43 Siehe http://esa.un.org/unpd/wpp/unpp/panel_population.htm

44 Siehe http://www.kateraworth.com/doughnut/

45 Molly Scott Cato (2008): Green Economics: An Introduction to Theory, Policy and Practice, London, S. 5

46 Jane Glesson-White (2014): Six Capitals, New York, S. 132

47 Dieses Zitat von Pavan Sukhdev stammt aus einer Videokonferenz: https://www.ted.com/talks/pavan_sukhdev_what_s_the_price_of_nature#t-208984

48 UNEP (2011): Towards a Green Economy: Pathways to Sustainable Development and Poverty Eradication, S. 16, www.unep.org/greeneconomy

49 Siehe http://www.businessgreen.com/bg/news/2173713/world-bank-calls-countries-urgent-steps-protect-natural-capital

50 Martin Jacobs bietet einen guten Überblick über die Geschichte des Konzepts von »Green Economy« und »Green Growth«: Martin Jacobs (2012): Green Growth: Economic Theory and Political Discourse, Grantham Research Institute on Climate Change and the Environment, Working Paper 92.

51 Siehe http://new.unep.org/greeneconomy/Portals/88/documents/partnerships/GGKP%20Moving%20towards%20a%20Common%20Approach%20on%20Green%20Growth%20Indicators.pdf, S. 3

52 Siehe MMBF: Forschungsagenda Green Economy, S. 15, http://www.bmbf.de/pub/Green_Economy_Agenda.pdf

53 Im Jahr 2015 gab es bereits den zweiten New Climate Economy Report. Beide Berichte sind hier zu finden: http://newclimateeconomy.report/

54 Das Zitat findet sich beispielsweise in diesem Interview mit Sukhdev: http://e360.yale.edu/feature/putting_a_price_on_the_real_value_of_nature/2481/

55 World Bank (2012): Inclusive Green Growth, Washington, DC, S. 45, http://siteresources.worldbank.org/EXTSDNET/Resources/Inclusive_Green_Growth_May_2012.pdf

56 Dazu: http://www.theguardian.com/environment/2012/may/09/world-bank-urgent-natural-capital

57 Siehe: Robert Costanza: Natural capital, http://www.eoearth.org/view/article/154791/

58 World Bank (2012), a.a.O., S. 105

59 In der Praxis der Naturkapitalbewertung verschwimmt genau diese Unterscheidung zwischen »stocks«, den eigentlichen Naturgütern oder Ressourcen, und »flows«, den Ökosystemdienstleistungen, die sich daraus ableiten. Eine Unsauberkeit, die auch einer der Begründer der »Ecological Economics«, Herman Daly, immer wieder beklagt.

60 Siehe: http://www.ey.com/Publication/vwLUAssets/Accounting-for-natural-capital/$FILE/EY-Accounting-for-natural-capital.pdf

61 Siehe: http://www.naturalcapitalcoalition.org/why-natural-capital.html

62 Siehe: http://www.envplan.com/abstract.cgi?id=d3304

63 Weiteres hier: http://unstats.un.org/unsd/envaccounting/seearev/Chapters/SEEA_EEA_v1.pdf

64 Siehe: http://unstats.un.org/unsd/envaccounting/White_cover.pdf, S. 1

65 Zwei aktuelle Studien von UNEP und WWF geben einen guten und detaillierten Einblick in den Ansatz des »Natural Capital Accounting«; vgl.: http://www.unep-wcmc.org/system/dataset_file_fields/files/000/000/232/original/NCR-LR_Mixed.pdf?1406906252 und http://d2ouvy59p0dg6k.cloudfront.net/downloads/background_accounting_for_natural_capital_in_eu_policy_decision_making_final.pdf

66 Siehe: http://www.theguardian.com/environment/georgemonbiot/2014/jul/24/price-nature-neoliberal-capital-road-ruin

67 Siehe: http://www.theguardian.com/sustainable-business/natural-capital-neoliberal-road-ruin-george-monbiot-experts-debate. Alle folgenden Zitat finden sich dort.

68 Siehe: Robert Costanza: Natural capital, http://www.eoearth.org/view/article/154791/

69 Mehr zu dieser Debatte: http://www.greattransition.org/publication/monetizing-nature-taking-precaution-on-a-slippery-slope

70 Dieses und das folgende Zitat hier: http://steadystate.org/use-and-abuse-of-the-natural-capital-concept/

71 http://www.nachhaltigkeit.info/artikel/carbon_disclosure_project_cdp_1622.htm

72 World Bank Group (2014): State and Trends of Carbon Pricing, Washington, DC, S. 15, http://www.wds.worldbank.org

73 Einen Einblick über die Komplexität der entwickelten Methoden bietet das CDM Methodology Booklet: https://cdm.unfccc.int/methodologies/documentation/1411/CDM-Methodology-Booklet_fullversion_PART_1.pdf

74 Konflikte in REDD-Projekten sind inzwischen recht gut dokumentiert. So hat das Center for International Forestry Research (CIFOR) eine Studie unter dem Titel »Redd on the Ground« veröffentlicht. Obwohl CIFOR zu den REDD-Protagonisten gehört, ist die Bilanz der Studie ernüchternd. Die Studie ist hier einsehbar: http://www.cifor.org/publications/pdf_files/books/BCIFOR1403.pdf. Jutta Kill kommt in einer Studie über 25 REDD-Projekte zu folgendem Ergebnis: »Die lokale (und oft indigene) Bevölkerung, die in den betroffenen Waldregionen lebt, wird selten gefragt, ob sie ein solches Projekt überhaupt will. Statt die Ursachen von Entwaldung zu adressieren (nämlich z. B. die industrialisierte Landwirtschaft), werden die indigenen Waldnutzer/innen als Störfaktoren ausgemacht. Ein Regime von CO_2-Zertifikaten (das zwar nicht den Wald an sich privatisiert,

aber eine ›Ökosystemdienstleistung‹ – nämlich die CO_2-Speicherfähigkeit der Biomasse – in ein handelbares Gut verwandelt) untergräbt fundamentale Menschenrechte, führt zu sozialen Konflikten (z. B. um die Verteilung der Einnahmen aus dem Handel) und trägt letztlich wenig zum Klimaschutz bei.« (Vgl.: http://www.deutscheklimafinanzierung.de/blog/2015/03/konflikte-widerspruche-und-lugen-rund-um-redd/.) Die Studie ist hier einsehbar: http://wrm.org.uy/wp-content/uploads/2014/12/REDD-A-Collection-of-Conflict_Contradictions_Lies_expanded.pdf

75 »Up to 50% of the EU-wide reductions over the period 2008-2020 can be achieved by buying CDM and JI offsets: approximately 1.6 billion credits. The EU-ETS is the largest offset buyer to date.« Siehe: http:/carbonmarketwatch.org/category/eu-climate-policy/eu-ets/

76 Siehe: http://www.sacbee.com/opinion/op-ed/soapbox/article4453841.html#storylink=cpy

77 Zitiert nach: http://www.worldbank.org/en/news/speech/2014/12/08/transforming-the-economy-to-achieve-zero-net-emissions

78 Vgl.: http://www.project-syndicate.org/commentary/net-zero-emissions-not-enough-by-lili-fuhr-and-niclas-h-llstr-m-2014-12/german#fb0KIiGtGJcMVDeP.99

79 Siehe: http://blogs.worldbank.org/climatechange/get-net-zero-emissions-we-need-healthy-landscapes

80 Siehe: http://www.bmz.de/de/was_wir_machen/themen/umwelt/biodiversitaet/arbeitsfelder/neue_ansaetze/

81 Ebd.

82 Vgl.: http://rosalux-europa.info/publications/books/economic-valuation-of-nature/

83 Dazu ein guter Überblick bei Pirard und Lapeyre: http://www.cifor.org/publications/pdf_files/articles/APirard1402.pdf

84 Vgl.: http://www.academia.edu/3634305/Market_mechanism_or_subsidy_in_disguise_Governing_payment_for_environmental_services_in_Costa_Rica_with_Robert_Fletcher_

85 Dazu: http://www.umb.no/statisk/noragric/publications/reports/2011_nor_rep_60.pdf

86 Um nur ein Beispiel zu geben: »The lack of prices and property rights associated with ecosystem services has resulted in externalities in which uncompensated or non-agreed costs are imposed on nature. The negative impacts on biodiversity and ecosystems from such externalities are severe and rapidly escalating.« So der WWF: http://d2ouvy59p0dg6k.cloudfront.net/downloads/background_accounting_for_natural_capital_in_eu_policy_decision_making_final.pdf

87 Vgl.: www.fern.org

88 Vgl.: http://klima-der-gerechtigkeit.boellblog.org/2015/03/12/neues-gesetz-zur-nachhaltigen-entwicklung-in-gabun-soll-handel-mit-rechten-lokaler-gemeinschaften-ermoeglichen/

89 BBOP steht für »The Business and Biodiversity Offsets Programme« und ist eine Kooperation zwischen Unternehmen und Finanzierungsinstitutionen, die Methoden für Biodiversitäts-Offsets testen und standardisieren wollen.

90 Siehe: http://www.icmm.com/document/4934

91 An der öffentlichen Konsultation der Kommission haben über 700 Personen und Institutionen teilgenommen. Über 40 Prozent haben sich gegen jegliches

Offsetting ausgesprochen und stattdessen vor allem eine Stärkung existierender Regulierungen gefordert: http://ec.europa.eu/environment/nature/biodiversity/nnl/results_en.htm. Mehr zum »No net loss«-Ansatz hier: http://no-biodiversity-offsets.makenoise.org/deutsch/

92 Vgl.: http://www.fauna-flora.org/alive-and-well-for-now-visiting-namibias-uranium-and-biodiversity-rich-desert/

93 Mehr dazu bei: http://siansullivan.net/2012/04/24/after-the-green-rush-biodiversity-offsets-uranium-power-and-the-calculus-of-casualties-in-greening-growth/

94 ETC Group (2009): With Climate Chaos…Who Will Feed Us? The Industrial Food Chain / The Peasant Food Web? http://www.etcgroup.org/sites/www.etcgroup.org/files/030913_ETC_WhoWillFeed_AnnotatedPoster_0.pdf

95 Marcel Hänggi (2015): Fortschrittsgeschichten, Frankfurt a. M., S. 29

96 Vgl.: http://ec.europa.eu/europe2020/index_de.htm

97 Global Commission on the Economy and Climate (2014): Better Growth, Better Climate: The New Climate Economy Report, Chapter 7: Innovation, S. 4

98 Natürlich ist die sogenannte industrielle Revolution viel mehr als eine Energierevolution. Eine umfassende und lesenswerte Darstellung der komplexen Prozesse findet sich in Jürgen Osterhammels grandiosem Werk: Die Verwandlung der Welt. Eine Geschichte des 19. Jahrhunderts.

99 Siehe: http://www.ulcos.org/de

100 Vgl.: http://www.unep.org/forests/Portals/142/docs/our_vision/Green_Steel.pdf

101 Vaclav Smil (2014): Making the Modern World, Chichester, S. 55

102 Aktuelle Zahlen zur weltweiten Stahlproduktion finden sich hier: http://www.worldsteel.org/dms/internetDocumentList/bookshop/2015/World-Steel-in-Figures-2015/document/World%20Steel%20in%20Figures%202015.pdf

103 Siehe: http://www.thyssenkrupp.com/de/nachhaltigkeit/klimaschutz.html

104 Die ökologische Kritik am Auto ist schon fast zu einem Genre geworden. Immer noch lesenswert ist der geradezu »klassische« Text von Wolfgang Sachs: »Die Liebe zum Automobil« – mit dem schönen Untertitel: »Ein Rückblick in die Geschichte unserer Wünsche«. Eine gute Aktualisierung steht bei Hänggi 2011.

105 Siehe: http://www.dena.de/fileadmin/user_upload/Projekte/Verkehr/Dokumente/Daten-Fakten-Broschuere.pdf

106 »Die Entwicklung der CO_2-Emissionen im Verkehrssektor verlief zwischen 1990 und 2010 je nach Verkehrsträger unterschiedlich: Im Schienen- und öffentlichen Straßenpersonenverkehr sowie im motorisierten Individualverkehr und in der Binnenschifffahrt sind die CO_2-Emissionen um jeweils 37 Prozent, 24 Prozent sowie 5 Prozent und 1 Prozent zurückgegangen. Der Luft- und der Straßengüterverkehr verzeichneten Zunahmen des CO_2-Ausstoßes von 82 Prozent und 46 Prozent«, ebd., S. 45.

107 https://www.uni-due.de/~hk0378/publikationen/2014/201408_Wirtschaftsdienst.pdf

108 Siehe: http://www.spiegel.de/auto/aktuell/ps-bei-neuwagen-neuer-rekord-in-deutschland-a-1011336.html

109 Vaclav Smil. a. a. O., S. 133

110 Siehe: http://www.spiegel.de/auto/aktuell/ps-bei-neuwagen-neuer-rekord-in-deutschland-a-1011336.html; www.ace-online.de/nc/der-club/news/jeder-dritte-pkw-in-deutschland-gehoert-einer-frau.html

111 Siehe: https://www.lobbycontrol.de/2013/10/autolobby-hat-das-effizienzlabel-fuer-autos-selbst-geschrieben/

112 Ein guter Überblick über die Lobbyarbeit der Autokonzerne hierzulande: http://www.faz.net/aktuell/wirtschaft/unternehmen/bmw-daimler-co-die-meister-stuecke-der-deutschen-autolobby-12637267.html und http://www.zeit.de/2013/37/autoindustrie-bundesregierung-lobbyismus

113 Joachim Radkau (2011): Die Ära der Ökologie, München, S. 634

114 Vgl.: http://www.ecologic.eu/de/4487

115 Siehe: http://blog.postwachstum.de/rebound-effekte-vereiteln-eine-hinreichen-de-entkoppelung-20131021

116 Siehe: http://www.zeit.de/mobilitaet/2014-09/ein-liter-auto-renault

117 Umfassender und aktueller Überblick über den Rebound-Effekt bei: Tilman Santarius (2014): Der Rebound-Effekt: ein blinder Fleck der sozial-ökologischen Gesellschaftstransformation, in: GAIA 23/2, S. 109–117

118 CO_2- oder Kohlenstoff-Intensität bezieht sich auf den CO_2-Ausstoß pro US-Dollar des erwirtschafteten BIP und wird durch den Low Carbon Economy Index (LCEI) als zentraler Indikator für den Weg auf eine emissionsarme Ökonomie benutzt.

119 Tim Jackson (2009): Wohlstand ohne Wachstum, München (hrsg. von der Heinrich-Böll-Stiftung)

120 http://www.pwc.co.uk/assets/pdf/low-carbon-economy-index-2014.pdf

121 http://www.wired.com/2013/11/vaclav-smil-wired/

122 Tim Jackson, a. a. O., S. 98

123 Ein guter Überblick findet sich hier: Wuppertal Institut (Hrsg.) (2005): Fair Future. Begrenzte Ressourcen und globale Gerechtigkeit, München.

124 WWF und Heinrich-Böll-Stiftung (Hrsg.) (2011): How to Feed the Worlds Growing Billions, https://www.boell.de/sites/default/files/2011-05-How-to-feed-the-Worlds-growing-billions.pdf

125 Alle Zahlen in diesem Abschnitt nach: http://www.umweltbundesamt.de/themen/klima-energie/erneuerbare-energien/erneuerbare-energien-in-zahlen

126 http://www.unece.org/?id=32790

127 http://www.waldwissen.net/waldwirtschaft/holz/energie/bfw_holz_energietraeger/index_DE

128 Global Commission on the Economy and Climate (2014): Better Growth, Better Climate: The New Climate Economy Report, Chapter Land Use, S. 3

129 http://www.bmel.de/SharedDocs/Downloads/Broschueren/Welternaehrung-verstehen.pdf?__blob=publicationFile, S. 2

130 P. Fitzgerald-Moore, B. J. Parai (1996): The Green Revolution (E-Paper), S. 2, http://people.ucalgary.ca/~pfitzger/green.pdf

131 Marcel Hänggi (2011): Ausgepowert, Zürich, S. 77

132 Norman Uphoff, emeritierter Professor der Cornell University, ist einer der wichtigsten Vordenker und populärer Fürsprechen von SRI.

133 http://www.weltagrarbericht.de/leuchttuerme/system-of-rice-intensification.html

134 Beide Zitate nach: http://www.spiegel.de/einestages/kernkraft-damals-abgefahren-aufs-atom-a-948568.html. Der Artikel bietet einen guten Überblick über die frühe Atomeuphorie. Dazu auch: http://www.klimaretter.info/politik/hintergrund/8916-wie-aus-dem-eis-der-fruehling-werden-sollte. Eine umfassende Darstellung der Geschichte der Atomwirtschaft liegt nun durch die faktenreiche Studie von Joachim Radkau und Lothar Hahn (2013) vor: Aufstieg und Fall der deutschen Atomwirtschaft, München.

135 Nachzulesen hier: http://library.fes.de/pdf-files/bibliothek/retro-scans/fa-57721.pdf

136 Nachzulesen in einem wunderbaren Artikel der Zeitschrift hobby: http://www.castor.de/technik/atomkraft/8_1955/16.html

137 Siehe: http://www.worldenergyoutlook.org/media/weowebsite/2014/141112_WEO_FactSheets.pdf

138 Siehe: http://www.theguardian.com/science/small-world/2013/oct/28/big-nanotech-unexpected-future-apm

139 Eine umfassende und ausgewogene Abwägung der Nanotechnologie bei: Christian Maier (2014): Nano, Darmstadt

140 Ein aktueller Überblick bei: Christoph Then (2015): Handbuch Agro-Gentechnik, München. Then spricht von »synthetischer Gentechnik«.

141 ETC Group 2014: The Potential Impacts of Synthetic Biology on Livelihoods and Biodversity: The Case of Coconut Oil, Palm Kernel Oil and Babassou, http://www.etcgroup.org/sites/www.etcgroup.org/files/Coconut_Potential%20_Impacts_of_SynBio-2.pdf

142 Ebd.

143 http://libcloud.s3.amazonaws.com/93/a2/1/4914/Issue_brief_-_synbio_vanilla.pdf

144 http://www.etcgroup.org/content/case-study-vanilla

145 Alle Angabe stammen aus einer Studie der ETC Group, die im Herbst 2015 gemeinsam mit der Heinrich-Böll-Stiftung veröffentlicht wird.

146 Dennoch muss festgehalten werden, dass keineswegs alle Vertreter der Grünen Ökonomie Geoengineering befürworten. Eher zeigt die Debatte, auf welche Irrwege die Hoffnung auf Innovation führen kann.

147 Für weitere Informationen und Hintergründe zu Geoengineering-Technologien und -Verfahren verweisen wir auf die Internetseite der ETC Group (http://www.etcgroup.org/issues/climate-geoengineering), auf die Publikation Geoengineering – Gibt es wirklich einen Plan(eten) B? von Georg Kössler (hrsg. von der Heinrich-Böll-Stiftung) sowie auf das Buch von Naomi Klein: This Changes Everything.

148 Lydia J. Smith und Margaret S. Tom (2013): »Ecological limits to terrestrial biological carbon dioxide removal«, in: Climatic Change, 118 (1), S. 89–103, http://link.springer.com/article/10.1007%2Fs10584-012-0682-3#page-1

149 Steven Shapin (2007): »What else is new?«, in: The New Yorker, 14. Mai. Der Artikel gibt einen guten Überblick über den Ansatz von Edgerton, http://www.newyorker.com/magazine/2007/05/14/what-else-is-new

150 http://www.strategyand.pwc.com/global/home/what-we-think/innovation1000/top-innovators-spenders#/tab-2014

151 Der kleine Text »Steinzeit for ever« ist hier nachzulesen: http://www.mhaenggi.ch/texte/steinzeit-forever

152 Für den Vorrang der stofflichen Nutzung plädiert auch die TEEB-Studie »Naturkapital und Klimapolitik«, a. a. O.

153 Mehr zu Transformation und Alternativen: Silke Helfrich und die Heinrich-Böll-Stiftung (2012): Commons – Für eine neue Politik jenseits von Markt und Staat, Berlin. Mutmachende Lektüre für ein anderes Leben und Wirtschaften: Harald Welzer, Dana Giesecke, Luise Tremel (Hrsg.) (2014): Futur Zwei, Zukunftsalmanach 2015/2016, Frankfurt a. M. Als aktueller Überblick zu den diversen Strategien einer Gemeinwohlökonomie: Heinrich-Böll-Stiftung (Hrsg.) (2014): Böll. Thema 1/2014: Seitenwechsel – Die Ökonomien des Gemeinsamen.

154 Naomi Klein (2014): This changes everything, London, S. 201

155 Richard Conniff (2009): »The Political History of Cap and Trade«, in: Smithsonian Magazine, August, S. 2

156 Ebd., S. 3

157 D. Ellerman et al. (2000): Markets for clean air: the U.S. acid rain program, Cambridge, http://eml.berkeley.edu/~saez/course131/Clean-Air00.pdf, S. 4

158 Global Commission on the Economy and Climate (2014): Better Growth, Better Climate: The New Climate Economy Report, Chapter Innovation, S. 9

159 Ebd., S. 25

160 Diesen Grundgedanken haben zwei wichtige Personen der jüngeren Geschichte schon auf bildliche Weise formuliert: »Entscheidend ist, was hinten rauskommt« (Helmut Kohl 1986); Deng Xiaoping: »Es ist egal, welche Farbe die Katze hat, Hauptsache, sie fängt Mäuse.«

161 Vgl.: http://www.mckinsey.de/sites/mck_files/files/mckinsey_energiewende-index_et_september_2014.pdf

162 Auch als »V4« bezeichnet ist die Gruppe eine Kooperation der Länder Polen, Ungarn, Tschechien und der Slowakei.

163 Vgl. dazu den Artikel von Sven Rudolph in: Ökologisch Wirtschaften, 2/2014, S. 9, mit dem symptomatischen Titel: »Ein Hoffnungsschimmer jenseits des Atlantiks«, http://www.oekologisches-wirtschaften.de/index.php/oew/article/view/1333

164 Vgl. dazu: https://onclimatechangepolicydotorg.wordpress.com/carbon-pricing/6-energy-taxes-as-carbon-taxes/. Dabei komme es gar nicht auf den genauen Wert an, sondern auf die Größenordnung.

165 Marcel Hänggi (2011): Ausgepowert, Zürich, S. 261

166 Vgl.: http://green.wiwo.de/studie-ab-2020-stagnieren-co2-ausstose-bei-internationalen-flugen/

167 Ebd.

168 Siehe: http://www.iata.org/pressroom/pr/Pages/2013-06-03-05.aspx

169 Erhellend ist in diesem Zusammenhang, dass auch die deutsche Autoindustrie inzwischen den Emissionshandel will: »Die deutsche Autoindustrie will sich dafür einsetzen, dass der motorisierte Straßenverkehr Teil des europäischen Emissionshandelssystems wird. Nach Informationen der ›Welt am Sonntag‹ schließt sich bereits eine Mehrheit der im Verband der deutschen Automobil-

industrie (VDA) organisierten Fahrzeugbauer dieser Forderung an, darunter Schwergewichte wie BMW und Daimler. Die Automobilhersteller wollen mit ihrem Vorstoß verhindern, dass die EU-Kommission den Unternehmen immer strengere Abgasnormen vorschreibt«, http://www.welt.de/wirtschaft/article131974784/Deutsche-Autofahrer-sollen-mehr-fuer-Sprit-zahlen.html

170 CO_2 ist natürlich kein Ökosystemdienstleister, dessen Speicherung in Wäldern aber gilt als Ökosystemdienstleistung.

171 Das Zitat stammt aus einer Debatte mit IWF-Chefin Christine Lagarde und dem Präsidenten der Weltbank, Jim Yong Kim, die hier nachzulesen ist: http://www.redd-monitor.org/2013/10/11/climate-change-at-the-world-bank-you-can-imagine-a-future-world-where-carbon-is-really-the-currency-of-the-21st-century/

172 Eine umfassende Analyse und Kritik bei: Dietz, Engels, Pye, Brunnengräber (Hrsg.) (2014): The Political Ecology of Agrofuels, Abingdon

173 Vgl. Weltagrarbericht. Er wurde 2008 vom Weltagrarrat (IAASTD) veröffentlicht. Eine deutsche Kurzfassung findet sich hier: http://www.weltagrarbericht.de/

174 Pavan Sukhdev (2013): Corporation 2020, München

175 Vgl. dazu die Rights and Resources Initiative. Danach sollen in Ländern mit geringen und mittleren Einkommen 24 Prozent der Waldfläche im Besitz indigener Völker und traditioneller Gemeinschaften sein, nur 8,7 Prozent in Händen privater Besitzer. http://www.rightsandresources.org/publication/protected-areas-and-the-land-rights-of-indigenous-peoples-and-local-communities-current-issues-and-future-agenda/

176 http://www.blickpunkt-lateinamerika.de/news-details/article/rohstoffe-auf-kosten-der-indigenen-bevoelkerung.html?no_cache=1&cHash=8692d7782d0c6763f644b4b43389b219

177 http://mexiko.ahk.de/fileadmin/ahk_mexiko/Inversiones/5_Bergbau_in_Mexiko_CAMEXA_Juni2013.pdf

178 Christa Wichterich (2012): Die Zukunft, die wir wollen, Berlin, S. 29 f. Siehe auch http://www.boell.de/sites/default/files/Feministische_Zukunft-i.pdf

179 A. Biesecker (2011): Vorsorgendes Wirtschaften, in: W. Rätz, T. v. Egan-Krieger et al.: Ausgewachsen, Hamburg, S. 75–85

180 Ausführlich hierzu: Christa Wichterich (2015): Sexual and Reproductive Rights, Berlin (hrsg. von der Heinrich-Böll-Stiftung)

181 Mehr zu dieser Debatte: https://www.gruene.de/debatte/wirtschaft-und-wachstum/gruene-ordnungspolitik-leitplanken-fuer-eine-oeko-soziale-marktwirtschaft.html

182 Vgl. http://www.wirtschaftsdienst.eu/archiv/jahr/2014/7/ist-die-energiewende-sozial-gerecht/

183 Ein guter Überblick über das Spannungsfeld von Erneuerbaren Energien und sozialer Gerechtigkeit bei: http://power-shift.de/wordpress/wp-content/uploads/2012/06/PowerShift-Saft_fuer_alle_Web_final.pdf

184 Vgl.: http://acme-journal.org/index.php/acme/issue/view/73

185 Laura Hoffmann (2015): Luft als Ware – ein Kampf gegen Windmühlen, http://www.boell.de/de/2015/06/03/luft-als-ware-ein-kampf-gegen-windmuehlen. Barbara Unmüßig (2012): Grüne Sünden, https://www.boell.de/de/oekologie/oekologie-gesellschaft-gruene-suenden-oekonomie-15668.html

186 Colin Crouch (2008): Postdemokratie, Frankfurt a. M. und Chantal Mouffe (2007): Über das Politische. Wider die kosmopolitische Illusion, Frankfurt a. M.

187 Eine aktuelle Übersicht über die verschiedenen Ansätze zur Schätzung dieser Subventionen: http://ec.europa.eu/economy_finance/publications/economic_briefs/2015/pdf/eb40_en.pdf

188 Maina Kiai (2015): Report of the Special Rapporteur on the rights to freedom of peaceful assembly and of association, Addendum, Observations on communications transmitted to Governments and replies received, http://freeassembly.net/rapporteurreports/natural-resources

189 https://www.globalwitness.org/campaigns/environmental-activists/how-many-more/

190 Einen Einblick in die Historie des Begriffs bei: Egon Becker (2013): Die politische Ökologie auf der Suche nach neuen Lebensformen, Institut für sozial-ökologische Forschung, Frankfurt a. M., sowie bei: Markus Wissen (2014): The political ecology of Agrofuels – Conceptual Remarks, in: Kristin Dietz et al. (Hrsg.): The Political Ecology of Agrofuels, The Hague.

191 Chantal Mouffe (2007): Über das Politische. Wider die kosmopolitische Illusion, Frankfurt a. M., S. 42

192 Ebd., S. 43

Literatur

Brand, Ulrich, und Markus Wissen (2013): Imperiale Lebensweise, http://www.buko.info/fileadmin/user_upload/doc/reader/BUKO-Gesnat-Seminar-04-2013-Reader-V1.pdf

Brand, Ulrich (2012): Schöne Grüne Welt, Berlin

Cato, M. S. (2009): Green Economics, London

Conniff, Richard (2009): »The Political History of Cap and Trade«, in: Smithsonian Magazine, August, http://www.smithsonianmag.com/ist/?next=/air/the-political-history-of-cap-and-trade-34711212/

Dietz, Kristina, et al. (Hrsg.) (2014): The Political Ecology of Agrofuels, Abingdon

Eckardt, Felix, und Bettina Hennig (2015): Ökonomische Instrumente und Bewertungen der Biodiversität, Marburg

Ellerman, D., et al. (2000): Markets for clean air: the U.S. acid rain program, Cambridge, http://eml.berkeley.edu/~saez/course131/Clean-Air00.pdf

ETC Group und Heinrich-Böll-Stiftung (2012): Die Macht der Bioma(s)sters. Wer kontrolliert die Grüne Ökonomie?, Berlin

ETC Group (2014): The Potential Impacts of Synthetic Biology on Livelihoods and Biodiversity: The Case of Coconut Oil, Palm Kernel Oil and Babassou, Ottawa

Fatheuer, Thomas (2013): Neue Ökonomie der Natur, Berlin (hrsg. von der Heinrich-Böll-Stiftung)

Fitzgerald-Moore, P., und B. J. Parai (1996): The Green Revolution, http://people.ucalgary.ca/~pfitzger/green.pdf

Fücks, Ralf (2013): Intelligent wachsen. Die grüne Revolution, München

Gleeson-White, Jane (2014): Six Capitals or Can Accounts Save The Planet, New York

Global Commission on the Economy and Climate (2014): Better Growth, Better Climate: The New Climate Economy Report, http://newclimateeconomy.report/

Gottwald, Franz-Theo, und Anita Krätzer (2014): Irrweg Bioökonomie, Frankfurt a. M.

Haas, Jörg (2014): »Die große Wette auf die Selbstzerstörung«, in: Politische Ökologie 136, München

Hänggi, Marcel (2015): Fortschrittsgeschichten, Frankfurt a. M.

Hänggi, Marcel (2011): Ausgepowert, Zürich

Heinrich-Böll-Stiftung et al. (Hrsg.) (2015): Bodenatlas. Daten und Fakten über Acker, Land und Erde, Berlin

Heinrich-Böll-Stiftung et al. (Hrsg.) (2014): Fleischatlas. Daten und Fakten über Tiere als Lebensmittel. Neue Themen, Berlin

Heinrich-Böll-Stiftung (Hrsg.) (2014): Gerechtigkeit gestalten – Ressourcenpolitik für eine faire Zukunft. Ein Memorandum der Heinrich-Böll-Stiftung, Berlin

Heinrich-Böll-Stiftung et al. (Hrsg.) (2013): Fleischatlas. Daten und Fakten über Tiere als Lebensmittel, Berlin

Heinrich-Böll-Stiftung und BUND (Hrsg.) (2015): Kohleatlas. Daten und Fakten über einen globalen Brennstoff, Berlin

Heinrich-Böll-Stiftung und IASS Potsdam (Hrsg.) (2015): Soil Atlas. Facts and figures about earth, land and fields, Berlin

Helfrich, Silke, Bollier, D., und Heinrich-Böll-Stiftung (Hrsg.) (2015): Die Welt der Commons. Muster gemeinsamen Handelns, Bielefeld

Helfrich, Silke, und Heinrich-Böll-Stiftung (Hrsg.) (2012): Commons – Für eine neue Politik jenseits von Markt und Staat, Bielefeld

Hoffmann, Ulrich (2015): Can Green Growth Really Work, Berlin, https://www.boell.de/sites/default/files/e-paper_hoffmann_green_growth_1.pdf

IAASTD (2009): International Assessment of Agricultural Knowledge Science and Technology for Development, Agriculture at Crossroads, Global Report, Washington, DC

IPCC (2007): Mitigation of Climate Change. Contribution of Working Group III to the Fifth Assessment Report of the Intergovernmental Panel on Climate Change

IPCC (2014): Summary for Policymakers, in: Climate Change 2014

Jackson, Tim (2009): Wohlstand ohne Wachstum, München (hrsg. von der Heinrich-Böll-Stiftung)

Jacobs, Martin (2102): Green Growth: Economic Theory and Political Discourse. Grantham Research Institute on Climate Change and the Environment, Working Paper 92

Kill, Jutta (2014): Economic Valuation of Nature, Brüssel, http://www.rosalux.de/fileadmin/rls_uploads/pdfs/sonst_publikationen/Economic-Valuation-of-Nature.pdf

Kill, Jutta (2015): REDD: A Collection of Conflicts, Contradictions and Lies, Montevideo, http://wrm.org.uy/wp-content/uploads/2014/12/REDD-A-Collection-of-Conflict_Contradictions_Lies_expanded.pdf

Klein, Naomi (2014): This changes everything, London

Kössler, Georg (2012): Geo-Engineering: Gibt es wirklich einen Plan(eten) B? Berlin, https://www.boell.de/sites/default/files/GeoEngineering_V02_kommentierbar.pdf

Maier, Christian (2014): Nano, Darmstadt

Mouffe, Chantal (2007): Über das Politische – Wider die kosmopolitische Illusion, Frankfurt a. M.

Naturkapital Deutschland – TEEB DE (2012): Der Wert der Natur für Wirtschaft und Gesellschaft, Leipzig und Bonn

Osterhammel, Jürgen (2009): Die Verwandlung der Welt, München

Pretty, J., et al. (2006): »Resource-conserving agriculture increases yields in developing countries«, in: Environmental Science & Technology 3(1), 24–43

Radkau, Joachim (2011): Die Ära der Ökologie, München

Radkau, Joachim und Lothar Hahn (2013): Aufstieg und Fall der deutschen Atomwirtschaft, München

Rights and Resources Initiative (2015): Protected Areas and the Land Rights of Indigenous Peoples and Local Comunities, www.rightsandresources.org/publication/protected-areas-and-the-land-rights-of-indigenous-peoples-and-local-communities-current-issues-and-future-agenda/

Sachs, Wolfgang (1991): Die Liebe zum Automobil, Reinbek

Sachs, Wolfgang und Tilman Santarius (2014): Rethink statt Rebound: Der Effizienzrevolution muss eine Suffizienzrevolution vorangehen, in: FactoryY, Nr. 3

Santarius, Tilman (2014): Der Rebound-Effekt: ein blinder Fleck der sozial-ökologischen Gesellschaftstransformation, in: GAIA 23 (2)

Schick, Gerhard (2014): Machtwirtschaft – Nein Danke! Frankfurt a. M./New York

Schildberg, Cäcilie (2014): A Caring and Sustainable Economy, Berlin, http://library.fes.de/pdf-files/iez/10809.pdf

Schneidewind, Uwe, und Angelika Zahrnt (2013): Damit gutes Leben einfacher wird. Perspektiven einer Suffizienzpolitik, München

Shrivastava, Aseem, und Ashish Kothari (2012): Churning The Earth – The Making of Global India, London

Smil, Vaclav (2014): Making the Modern World, Chichester

Sukhdev, Pavan (2013): Corporation 2020, München

Then, Christoph (2015): Handbuch Agro-Gentechnik, München

Umweltbundesamt (2013): Globale Landflächen und Biomasse – nachhaltig und ressourcenschonend nutzen, Dessau

UNEP (2011): Towards a Green Economy: Pathways to Sustainable Development and Poverty Eradication, S. 16, www.unep.org/greeneconomy

Unmüßig, Barbara, Wolfgang Sachs und Thomas Fatheuer (2012): Kritik der grünen Ökonomie – Impulse für eine sozial und ökologisch gerechte Zukunft, Berlin (hrsg. von der Heinrich-Böll-Stiftung), https://www.boell.de/de/content/kritik-der-gruenen-oekonomie-impulse-fuer-eine-sozial-und-oekologisch-gerechte-zukunft

Unmüßig, Barbara (2014): Monetizing Nature – Taking Precaution on a Slippery Slope, https://us.boell.org/2014/08/26/monetizing-nature-taking-precaution-slippery-slope

Welzer, Harald, Dana Giesecke und Luise Tremel (Hrsg.) (2014): Futur Zwei, Zukunftsalmanach 2015/2016, Frankfurt a. M.

Wichterich, Christa (2015): Sexuelle und reproduktive Rechte, Berlin (hrsg. von der Heinrich-Böll-Stiftung), http://www.boell.de/de/2015/09/18/sexuelle-und-reproduktive-rechte

Wichterich, Christa (2012): Die Zukunft, die wir wollen, Berlin (hrsg. von der Heinrich-Böll-Stiftung), http://www.boell.de/sites/default/files/Feministische_Zukunft-i.pdf

World Bank (2012): Inclusive Green Growth, Washington DC, http://siteresources.worldbank.org/EXTSDNET/Resources/Inclusive_Green_Growth_May_2012.pdf

World Bank (2014): State and Trends of Carbon Pricing, Washington DC, http://www-wds.worldbank.org/external/default/WDSContentServer/WDSP/IB/2014/05/27/000456286_20140527095323/Rendered/PDF/882840AR0REPLA00EPI2102680Box385232.pdf

Wuppertal Institut (Hrsg.) (2005): Fair Future. Begrenzte Ressourcen und globale Gerechtigkeit, München

WWF und Heinrich-Böll-Stiftung (Hrsg.) (2011): How to Feed the Worlds Growing Billions, https://www.boell.de/sites/default/files/2011-05-How-to-feed-the-Worlds-growing-billions.pdf

Über die Autor/innen

Thomas Fatheuer

ist Sozialwissenschaftler und lebte von 1992 bis 2010 in Brasilien, zuletzt als Leiter des Büros der Heinrich-Böll-Stiftung in Rio de Janeiro. Vorher arbeitete er in Projekten zum Waldschutz im Amazonasgebiet für den DED und die GTZ. Zurzeit lebt er als Autor und Berater in Berlin. Er ist der Autor zahlreicher Veröffentlichungen zum brasilianischen Entwicklungsmodell, zum Schutz tropischer Wälder und dem Konzept des Buen Vivir.

Lili Fuhr

ist Diplom-Geographin und seit 2008 Referentin für Internationale Umweltpolitik der Heinrich-Böll-Stiftung mit den Arbeitsschwerpunkten internationale Klima- und Ressourcenpolitik. Sie bloggt regelmäßig auf www.klima-der-gerechtigkeit.de.

Barbara Unmüßig

ist Politologin und seit 2002 hauptamtlicher Vorstand der Heinrich-Böll-Stiftung sowie seit 2009 stellvertretendes Kuratoriumsmitglied des Deutschen Instituts für Menschenrechte. Ihre Arbeitsschwerpunkte liegen bei Themen wie den sozialen Aspekten der Globalisierung, den Menschen- und Frauenrechten sowie der internationalen Klima-, Ressourcen- und Agrarpolitik. Sie ist unter anderem auch Juryvorsitzende des Anne-Klein-Frauenpreises, den die Heinrich-Böll-Stiftung seit 2012 jährlich vergibt. Barbara Unmüßig hat zahlreiche Buch- und Zeitschriftenbeiträge veröffentlicht.